未来をひらく

子ども学

子どもを取り巻く研究・環境・社会

監修 坂越正樹

編著 八島美菜子　小笠原文　伊藤駿

福村出版

まえがき

　2020年春，新型コロナウイルス感染症が世界中に広がり，わが国において
も社会のありようを根底から覆すこととなった。その影響は2023年の春を迎
える今もなお続いており，毎日新規感染者の数，重症患者の数，そして死亡者
数が報道されている。子どもたちの世界も大人社会と同様に，否，心身の成長
途上にある子どもたちは大人以上に甚大な影響を受けてきている。

　とりわけ，2020年2月27日に内閣総理大臣から示された，「小学校，中学校，
高等学校及び特別支援学校における全国一斉の臨時休業を要請する方針」は，
子どもたちの毎日を突然今までとはまったく異なった世界へ投げ込むことと
なった。多くの学校で3月2日から春季休業まで学校内での教育活動が停止さ
れ，さらに新年度新学期に入っても5月頃まで子どもたちは自宅で「おとなし
く」していなければならなかった。自宅に待機する子どもたちと学校とをつな
ぐ手立ては当初かなり貧弱なもので，私用携帯電話の使用を制約された教員は
学校の固定電話を順番待ちで使うこともあった。GIGAスクール構想はすでに
始動していたが，子どもたちにタブレット等のデバイスが行き渡るのはかなり
後のことであり，教員が課題ドリルを子どもたちの家庭に届けるといった対応
が多かった。

　コロナ禍の中で学校が再開されてからも，いわゆる3密（密閉，密集，密接）
を避ける規制によって，運動会や学習発表会，修学旅行等の行事が中止され，
日常的にも身体接触を伴う体育や声を出し合う音楽の活動，さらにグループで
の話し合い活動も制限された。給食時間も，全員が同じく前方を向いて黙って
食べる「黙食」が続いている。2023年3月に卒業する中学生たちは，3年間マ
スクをした同級生の顔ばかりを見てきたことになる。

　このコロナ禍が子どもたちにどのような影響を与えたのか，「全国学力・学
習状況調査」をはじめ，文部科学省と大学研究者たちによる各種の調査分析

が公表されつつある。たとえば，ICT（情報通信技術），情報活用のための家庭環境の格差が子どもたちの学習の進捗に影響を与えたこと，保護者がリモートワークをできる就業形態であるか否か，子どもとともに保護者が家庭にいるかどうかが子どもの学習時間を左右したこと，また学校休業や自衛のための欠席が増え，休むことのハードルが低くなって不登校の増加につながったことなどが指摘されている。教科の学力がそれほど落ち込んでいないという分析からは，逆に，学校という空間と時間を共有することの意味があらためて問われることになった。

　しかし，3年に及ぶコロナ禍の影響は今現在の調査分析で全貌が判明するわけではなく，むしろ5年，10年の中長期的な追跡が必要であろう。子どもたちが成長し大人になったとき，彼らの心と身体，思考と感情，価値観がどのようなものとなっているのかを把握し，必要なケア，支援を提供できるよう見守る必要があろう。

　本書『未来をひらく子ども学』の前身書である『進化する子ども学』が2009年4月に刊行されてから14年が経過した。その間コロナ禍に限らず，子どもたちの世界はいくつもの変化を被ってきた。世界に目を向ければ，ウクライナで100年も歴史がさかのぼったかのような戦争が始まり，そこで多くの子どもたちが犠牲になっている。ひるがえって日本では，政府が「異次元の少子化対策」「異次元の子育て支援」を謳い施策を進めようとしている。今，子どもとして生きている人たち，これから子ども時代を生きようとする人たちは，どのような世界と向き合い，体験をするのであろうか。そして自らが生きる未来の世界をどのようにしてつくろうとするのであろうか。本書は，これらの子どもたちとともに生きようとする大人が，これまでの大人と子どもの姿を振り返り，今現在の状況を分析・考察して，これからの道程を探ろうとするものである。本書の広範で多層的な論点を手がかりにして，子どもたちの世界を見つめ考えていただければ幸いである。

2023年1月

監修者　坂越正樹

目次

序章

子ども学とは
——実践学としての子ども学の構築

坂越正樹

はじめに

　「子どもが見えなくなった」という声を聞くことが多い。この声は子育てに自信のもてない親や子どもの問題行動に悩む教師からしばしば耳にする。長年教職にある人たちさえも，とくに最近の子どもの変化をどう理解してよいかわからないという。突然「キレる」子ども，自死に走る子ども。「見えない」「わからない」子どもたちと，大人はどのような関係をもちうるのか。また，大人との関係を忌避さえする子どもに対し，現実には子どもを放置しえず，なおも子どもにかかわろうとする親や教師の責任とは何か。

　このような親や教師の困惑に対し，変化した子どもとそれについていけない大人という両者の断絶した図式化にとどまるのではなく，「ではかつて，大人たちに子どもは本当に見えていたのか」と反問すること，そのことが近年教育以外の分野からも多く提言されている「子ども学」の問題意識の1つとなっている。この論によれば，子どもは本来混沌とした，文化の外にある存在であったはずのものなのに，大人は近代の「子ども」の発見以来，子どもを囲い込み，〈大人＝成熟，子ども＝未成熟〉という規準によって，もっぱら子どもを大人へと教育されるべきもの，秩序へ適応させるべきものとして捉えてきたとされる。このような知見は，子どもにかかわる者にとって，また大人存在を逆照射するという意味において，多くの重要な示唆を与えてくれる。

　しかしながら，文化の外にある「子ども」の視点を手に入れることができたとしても，親や教師は同時にその存在を文化の内に導き入れるという行為実践を引き受けざるをえない。というのは，文化に刻印されることを通して，子どもは自己を形成し，発達を可能とするからである。そこでは当然，親や教師の

体現する文化の内容が問題となり，その権威性，恣意性が問われなければならない。しかし，いずれにしても子どもがその中に生を受けた文化，つまりそこにおいて存在する一定の文化内容は，子ども自身がくぐりぬけなければならないものである。この意味で，子どもと文化は教育の根源的アポリア（解決できない難問）ということができよう。そしてこのアポリアを子どもとともに真に担うことにおいて，親や教師の責任が問われるのではなかろうか。

「子ども」とは何か。その答えは「大人」ではないものである。では，「大人」とは何か。それは「子ども」ではないものということになり，「子ども」の姿を知ろうとすることは，「大人」の姿を探ることにつながっていく。このように，「子ども」は「大人」との関係性の中でその姿を現すのであり，時代や社会の変化から超越した固定的な「子ども」なるものは存在しないといってよいのである。

なお，本論でカギカッコに入れて「子ども」と表記するときは，実態としての子ども（カギカッコなし）と区別して，歴史や社会の変遷によって変化してきた「子ども」のイメージ，大人が抱いている「子ども」の像を含意している。

1. 子どもと大人の関係

大人存在と子ども存在の分離，あるいは2つの存在の関係性は，「子ども」の発見と関連づけて考察される。周知のように，近代における大人とは違った固有の子ども存在の発見は，ルソー（Rousseau, J. J., 1712-1778）に帰せられる。それ以前には，変化のゆるやかな文化の再生産，循環として連続的に世代が継続する〈大人─子ども関係〉に組み込まれていた子どもが，ルソーによって，よりよい未来の創造者としての可能性をもち，この再生産，循環を突破するものとされたのである。ここにおいて，子どもは大人の生活形式を単に模倣するものではなく，子ども自身が子ども期の生活形式を十分に尊重され，発展させるべき存在となったのである。

このような子ども観の転回は，アリエス（Ariès, P., 1914-1984）をはじめとする戦後の社会史研究によって以下のように解明されている。アリエスは，子ど

もと家族の生活史に即して，子ども不在の時代から子どもと大人の世界が隔てられ，家庭と学校において子ども独自の空間が形成されてくる過程を明らかにしている。近代以前の子どもは大人の集合的な生活に直接参加し，無意識のうちに大人の生活形式に入り込んで成長した。したがって，乳幼児期のとくに養育を必要とする時期を除いて，子ども期という特別な生活形式は存在しなかった。しかし17世紀以来19世紀末までには，子どもは大人から分離され社会に実際に参加する前に，一種の隔離された「検疫所」に収容されることになった。つまり大人の社会生活や職業生活とは切り離され，子どもの学習に深い関心をもつ家庭と学校が教育の担い手となったのである。

　アリエスが明らかにしたように，前近代の共同体生活の中で必要とされる知識や技能は，親の世代から子の世代へ変わることなく伝達された。先行世代と後続世代とは，両者の共同生活の中で後続世代が先行世代の生活様式を直接見習い，再生産するという循環的な関係で結ばれ，生活形式による文化の伝達が可能であった。これに対し，社会の近代化の過程で伝統的な生活形式は崩壊し，生活の内容と世代関係が大きく変化する。つまり，大人の生活が複雑化し，後続世代に伝達されるべき内容としての自明性を欠くことになったのである。また，人々はもはや共同体によって自らの生を決定される存在ではなく，自由な個人すなわちその能力に応じて自己の所属する社会集団を選択できる存在となった。このような状況のもとでは，生活形式の文化伝達はもはや機能しない。それに代わって，後続世代を一人前の大人にし，それによって社会全体の発展を図るための，先行世代の意図的な働きかけ，すなわち教育および大人と子どもの教育的な関係が必要となるのである。

　また意図的な教育的働きかけは，近代的な教育学の成立を要請することとなる。前近代的な生活形式の文化伝達は，たとえば徒弟制度における親方と弟子の関係に見ることができる。そこでは，教育者と学習者がまだ明確に分化しておらず，両者は共同体の中で同じ目的を追求する先輩と後輩の関係にあった。同じ目的を達成するために後輩が先輩を見習うという関係の中では，学習者の学習動機は教育者がそれを喚起するまでもなくおのずから生じるのであって，教える側の方法論的作為は不要であった。これに対し，近代における社会の複雑化，機能分化，それに伴う教育的な大人と子どもの関係の成立は，教育主体

と学習主体の分離を引き起こした。同時に，一方では文化伝達を容易にし，他方では学習者の学習意欲を喚起するため，正しい教育の方法を確立する教授学，教育学が必要となった。さらに，学習者である子どもの内面を明らかにするための心理学が求められ，その成長を促進するための保育学，発達科学，社会福祉学などの学問分野が発展することとなったのである。

　このような状況は同時に，特別な配慮を必要とする「子ども」という存在の発見でもあった。前近代において，子どもは「小さな大人」として大人と混在し，自由とリスクを共有しながら生活していた。近代における社会の変化は，教育的な働きかけの対象である「子ども」という観念を生み出すことになる。この「子ども」の発見には，二重の意味がある。第一に，子どもは固有の存在価値を有しており，将来の大人としての生活のために子ども時代が犠牲にされてはならないということである。この認識は大人に対して子どもをよく理解せよという教育的規範をもたらす。第二に，子どもの将来の姿は現在の大人の姿とは異なったものであるため，子どもの将来における自由と可能性が保証されなければならないということである。これは大人が教育的責任を担うべきことを指示している。近代における「子ども」の発見は，同時に「大人」の発見を，さらに大人と子どもとの近代的な教育的関係の成立を意味しているのである。

2. 子ども学の成立と展開

　日本における「子ども学」と呼ばれる学問領域の歴史をさかのぼると，明治時代末の「児童学」にその起源を見出すことができる。1898年には月刊誌『児童研究』が創刊され，世界の子ども学の動向が紹介されている。そこでは，西欧圏で心理学が隆盛し精神と身体の関係研究が進んでいること，個々人の精神活動の多様性が発見され，教育者はこのような児童の性質をよく知ってそれに応じて児童を教育すべきことが提言されていた。

　子ども学研究者の北本正章は，このような日本の子ども学が幼児教育学や保育学などと重なりつつ子どもを研究対象としてきたが，教育学体系の中では周

辺的な位置にあったとしている。その後，社会政策的には福祉国家としての子ども問題が浮上し，子ども学への関心が高まることになった。学術的には，教育学や心理学の専門分化に対抗するかたちで総合的人間学としての子ども学が構想され，大学でも2000年代以降，教育学部に代わる子ども学部や子ども学科が設置されるようになった。しかし，北本はこのような動きが必ずしも学術的な基盤と見通しをもってなされたものではなく，子ども学の深化と進展につながっていないのではないかと指摘している（北本, 2021: 400以下）。

　その一方で北本は，子ども学の学術的課題が本格的に論じられるようになったエポックを1980年と確定している。実際，学術的研究成果の状況を見ると，それまでの児童学とは一線を画す原ひろ子の『子どもの文化人類学』が1979年に刊行されている。1980年には，佐野美津男の『子ども学』が刊行される。佐野は，子どもに特定のイメージを押しつけることから脱却し，逆に子どもの側から文化や社会のあり方を探求することの重要性を指摘して，その後の子ども学研究に大きな影響を与えた。また，本田和子の『子どもたちのいる宇宙』が出版されたのも1980年である。本田は1989年公刊の『フィクションとしての子ども』とともに，大人とは異なる子どもの存在，文化や秩序の外にある子ども，さらに大人の描く「子ども」が実体としての子どもではなくフィクションとしての「子ども」であることを明らかにして，以後の子ども論，子ども学に大きな影響を与えた。

　わが国のみならず世界の子ども研究のエポックともみなされるアリエスの『〈子供〉の誕生』が翻訳出版されたのも1980年である。この書は1960年にフランスで『アンシァン・レジーム期の子供と家族生活』のタイトルで公刊されたもので，われわれのもつ「子ども」の観念がいつの時代でも普遍的にあったものではないこと，とりわけ前近代から近代の移行期に大人と子どもの分離が生じ，大人が保護すべき子どもの姿が現れたことを明らかにした。その読まれ方によって「中世には子どもは存在しなかった」という主張と受け止められ，それを批判する研究書も複数刊行されている。ポロク（Pollock, L. A., 1959- ）の『忘れられた子どもたち』はその一例である。また，1985年に公刊されたポストマン（Postman, N., 1931-2003）の『子どもはもういない』では，近代に分離された大人存在と子ども存在が，識字能力を前提としない新しい映像音声メディ

アの出現によって，再び〈大人＝子ども〉混在（大人のような子どもと子どもの
ような大人）の状態になっていることが指摘されている。

　さらに，1980年代は子ども学の重要な研究成果が公刊され，小林登・小嶋
謙四郎・原ひろ子・宮澤康人編『新しい子ども学』（「第1巻　育つ」1985年，「第
2巻　育てる」1986年，「第3巻　子どもとは」1986年）は，その代表的なものと評
価される。このシリーズは，学際的子ども研究の集大成を目指し，個体，環
境，歴史・文化にわたる子ども世界の全体像を提示しようとしたものである。
これが発育研究，保育学から文化人類学も含み学際的に子どもに視点をそそぐ
研究であったのに対して，問題としての子どもを基軸に現代社会や歴史を読み
解き，臨床哲学的に思索を展開する試みとして公刊されたのが，加藤尚武・西
脇与作・永沢哲・本田和子・杉山光信・森下みさ子の共著『子ども（現代哲学
の冒険2)』である。さらに多様な研究者が子どもをテーマに最新の研究論文を
提示し，競い合った論集として，藤田英典・黒崎勲・片桐芳雄・佐藤学編『子
ども問題（教育学年報8)』が注目される。

　教育学研究の分野からも，新しい子ども学の知見を踏まえ子どもから教育を
読み解く研究成果が示された。堀尾輝久『子どもを見なおす──子ども観の歴
史と現在（子どもと教育を考える14)』，森田伸子『子どもの時代──「エミール」
のパラドックス』，矢野智司『子どもという思想』や宮澤康人『大人と子供の
関係史序説──教育学と歴史的方法』はその代表例である。

　子ども学研究の最新の研究成果としては，北本正章『子ども観と教育の歴史
図像学』をあげておきたい。北本によれば，今現在は新旧の知がせめぎ合う断
層帯にあり，「家族，性，教育，生と死の意味の価値観の変容」にたじろいで，
人間存在の根源的自然性が動揺している。具体的には，少子化，情報化，消費
至上主義化，教育の消費化がもたらす諸問題が今日の社会で噴出している。そ
こで求められるのが「子ども認識と子ども理解の地平を拓く新しい子ども学」
であり，新しい子ども学は新しい世代のための真の教育と福祉の行く末を指し
示す責務を果たさなければならないのである。

3.　未来をひらく子ども学の構築

　本書は学際的総合的で実践学的な子ども学の構想に基づいて3部15章におい
て考察を展開する。

　本書の趣意を明示した序章に続いて，第1部では子どもを取り巻く諸科学の
視点からその研究成果に基づいた子どもの姿が描き出される。教育学はその成
立から子どもとともにある学問領域であり，いかに子どもを教育するかの教育
術（教授学）から出発して，「子ども」と「教育」とが互いにそれぞれの存在を
前提としている基本的構造が示される（第1章）。心理学は，子ども学の起点と
もなった児童学に示されているように，事実として存在する子どもの姿を可視
化しその成長を跡づけて，子育てやよりよい教育の方法を提示する役割を担う
（第2章）。子どもが学齢期になったとき，彼らが生まれ育った社会の文化が「教
科」として示される。「教科」は膨大な社会的・歴史的人間文化のエッセンス
であり，次世代に提示して，次世代が自らの新しい文化を創造するための土台
となる（第3章）。今日の子どもを取り巻く課題として，福祉的な視点を欠くこ
とはできない。高度に複雑化し，あるいは格差を生み出す現代社会において，
子どもの成長は教育的領域と福祉的領域の相互乗り入れを必要としている（第
4章）。教育と福祉の相互乗り入れを象徴する課題が対人援助学によって取り組
まれることとなる。人が人を援助すること，〈援助する側―援助される側〉の
二分法ではなく，相互の援助的関係性こそがこれからの社会を成り立たせる基
盤となるはずである（第5章）。

　第2部では，子どもを取り巻く社会や文化と子どもとの関係が考察される。
子どもは，その外界とふれあうことによって，外にあるもの，自然や文化，自
らの身体さえも内に取り込み，それらを自らの経験とする。さらに内的な経
験を再び外界へと表出することを繰り返して成長する。子どもたちの表現活動
は，造形にせよ身体表現にせよ，内的なものが外的な環境とせめぎ合って現れ
たものであり，現れ出たものをまた経験することによって，子どもは成長して
いくのである（第6章）。子どもが成長し社会に参加し始めるとそこにルールが
存在することに気づく。そのルールをどう理解し，また自らがどう実践するか

によって社会への参加の仕方が決まってくる。そこから今日の社会で求められるシティズンシップ教育が始まるのである（第7章）。子どもが外の世界とつながるための不可欠のツールがことばである。動物と違って人間はなぜことばをもっているのであろうか。ことばによって人間は世界を切り取り理解する。かたちのない「愛」を人間は「愛」ということばがあるから経験し表現することができる（第8章）。ことばの中でも今日の社会や学校教育で重視されるのが外国語である。グローバル社会において英語を習得することが当然視されているが，母語でない第二言語を学ぶ本来の意味を考えてみる必要がある（第9章）。現代の子どもたちの外界はすべてメディアで構成されているともいえる。デジタルデバイスのみならず，絵本や教科書もメディアであり，ここで留意すべきことは，子どもたちはメディアを使いこなしているのみならず，逆にメディアからその経験のありようや成長を規定され，メディアの影響下で自己形成をしているということである（第10章）。

　第3部では，現代社会の諸事情，諸問題と子どもとの関係を考察している。夫婦と子どもからなる核家族，経済活動・娯楽慰労・教育子育て等を担う社会小集団としての家族は，今日大きく変容している。むしろ現代の家族は，貧困・虐待・ネグレクト等の病理を集積する場のようにも見える。このような家族の状況をどう捉え，課題克服の方途を探ればよいのかを考える（第11章）。また，これからの社会のあり方として，特別な支援を必要とする人もそうでない人も，あるいは今は支援を必要としないが将来は必要になるかもしれない人も，ともに暮らす社会の実現が求められる。それは子どもの教育の世界でどのように実現可能なのかを探る（第12章）。地球規模の環境変化で自然災害の頻発，激甚化が生じている。また戦争による悲惨な被害状況もなくならない。厳しい状況の中で，とくに深刻な問題を抱えるのが子どもたちである。子どもたちはそこでどのような影響を受けたのか，それをどう克服しようとしたのか，これはまさに今取り組むべき問題である（第13章）。2020年はじめからの新型コロナウイルスの影響は，世界的にまた当然日本でも大きな社会変化をもたらした。大人の社会がこれにどう対処すればよいのか右往左往する中で，突然学校が閉鎖され子どもたちは家の中に孤立して取り残されることになった。その影響は，すぐに表れるものと数年たって気づくものがあることに留意しなけれ

ばならないだろう（第14章）。日本の社会が国際化する中で，さまざまな国に
ルーツをもつ子どもたちが幼稚園や学校で学ぶようになっている。その子ども
たちや保護者のコミュニケーションを容易にし，相互に理解を図ることは，グ
ローバルパートナーシップを構築することであり，多様な立場・分野の人たち
が協力し合う平和構築の起点となるはずである（第15章）。

　本書初版『進化する子ども学』において，編者小笠原は実践学としての「子
ども学」の構想を次のように提示している。

　「子ども学」は，孤立した単一科学として，あるいは単独の学問として構
　成されるものではなかろう。それは子どもの生の具体的な意味連関を見定め
　る「実践学」として，具体的な「実践」の場面で，多くの関係者との対話や
　援助によって，把握され，理解されなければならない「実践学」であろう。
　とくに，子ども学の場合，子育てに係る保護者や教育関係者（教育支援家）
　の立場に立って思考し，実践するなかで，いや，保護者や支援家との育児術
　に関する共同作業のなかから生起する，あるいは，発見される学問であり，
　それが「子ども学」の内容を形成することになろう。換言すれば，子どもに
　関する研究者と保護者と支援家が互いに補足し合う対等のパートナーとして
　真摯に子ども問題に対面し，対話し，協同することによって獲得される臨床
　の知を基本とする実践学なのである。　　　　　　　　　　　（小笠原，2009: 23）

　本書『未来をひらく子ども学』はこの初版の趣意を継承し，それに加えて今
日的な子どもの課題に応えようとしたものである。実践学的・学際的・総合
的・臨床的な総合人間学としての子ども学のさらなる発展を期すところである。

◆学習課題
　子どもとは何だろうか。あらためて考えてみよう。あなた自身の「子ど
も」観を見直し，今まで見えなかった子どもの姿を探してみよう。

引用・参考文献

アリエス，P.著，杉山光信・杉山恵美子訳（1980）『〈子供〉の誕生——アンシァン・レジーム期の子供と家族生活』．みすず書房．

小笠原道雄編（2009）『進化する子ども学（教育的思考の作法3）』．福村出版．

加藤尚武・西脇与作・永沢哲・本田和子・杉山光信・森下みさ子（1991）『子ども（現代哲学の冒険2）』．岩波書店．

北本正章（1993）『子ども観の社会史——近代イギリスの共同体・家族・子ども』．新曜社．

北本正章（2021）『子ども観と教育の歴史図像学——新しい子ども学の基礎理論のために』．新曜社．

小林登・小嶋謙四郎・原ひろ子・宮澤康人編（1985-1986）『新しい子ども学』（全3巻：「第1巻 育つ」「第2巻 育てる」「第3巻 子どもとは」）．海鳴社．

佐野美津男（1980）『子ども学』．農山漁村文化協会．

原ひろ子（1979）『子どもの文化人類学』．晶文社．

ハリスン，M.著，藤森和子訳（1996）『子どもの歴史』．法政大学出版局．

藤田英典・黒崎勲・片桐芳雄・佐藤学編（2001）『子ども問題（教育学年報8）』．世織書房．

ポストマン，N.著，小柴一訳（1985）『子どもはもういない——教育と文化への警告』．新樹社．

堀尾輝久（1984）『子どもを見なおす——子ども観の歴史と現在（子どもと教育を考える14）』．岩波書店．

ポロク，L. A.著，中地克子訳（1988）『忘れられた子どもたち——1500～1900年の親子関係』．勁草書房．

本田和子（1980）『子どもたちのいる宇宙』．三省堂．

本田和子（1989）『フィクションとしての子ども』．新曜社．

宮澤康人（1998）『大人と子供の関係史序説——教育学と歴史的方法』．柏書房．

森田伸子（1986）『子どもの時代——「エミール」のパラドックス』．新曜社．

矢野智司（1995）『子どもという思想』．玉川大学出版部．

第1部

子どもを取り巻く研究

第1章
教育学と子ども

山中　翔

はじめに

　2022年に民法が改正され，成人年齢が20歳から18歳に引き下げられた。このときニュースや新聞では，大人の定義とは何か，ということが話題になったらしい。18歳になれば，未成年（子ども）であることを理由に禁止や制限されていたことができるようになる。つまり，法的には大人として扱われることになるのだ。一方で，法的に大人として扱われることと，大人として成熟しているかどうかは別問題である。たとえ，18歳以上であったとしても，当の本人が大人なれていないと思うことは珍しくない。

　"大人になる"と言うとき，そこには大人よりも未熟な子どもの存在が前提とされている。教育の場において，この区別は生徒（子ども）と教師（大人）という関係で表れる。学校の教室を思い浮かべてみよう。黒板の前には教師がいて，子どもは椅子に座って勉強している。教師は教える者であり，子どもは教わる者である。

　本章のテーマでもある教育学は教育に関する技術や，教育という営みについて研究する学問である。英語でpedagogics（ペダゴジックス），ドイツ語でPädagogik（ペダゴーギイク），フランス語でpédagogie（ペダゴジー）と綴る。この言葉の語源はギリシャ語のpaidagōgike（パイダゴーギケー）であり，「子どもを導く術」という意味をもつ（小笠原, 2003a: 29）。

　だが，そもそも教師（大人）と子どもは同じ人間であるにもかかわらず，なぜ区別されるのだろうか。また，なぜ後者は未熟な者であり，教育の対象として位置づけられているのだろうか。

1.　大人（教師）と子どもの区別

(1)　子どもの発見

　森田伸子は，子どもがもつ意味の移り変わりを以下のように整理している（森田, 2000: 323）。もともと，ラテン語では「話すことのできない者」を意味するinfans（アンファンス）という言葉が5，6歳の子どもを指す語として用いられており，6歳以上，15歳ぐらいまでの少年，少女を表すpure, puellaという言葉から区別されていた。10世紀末になると，infansではなく，enfantという語が一般的に用いられるようになる。ただし，日常生活のレベルにおいて両者の区別が意識されることはなく，一人前でない者，従属する者，仕える者など，幅広い意味で用いられていた。実際，この時期の子どもは奉公人として大人たちのもとで働くことも多く，大人と対等な立場ではないけれども，社会の一員とみなされていたのである。

　歴史家のフィリップ・アリエス（Ariès, P., 1914-1984）の著書『〈子供〉の誕生』では，近代以前の社会において，子どもと大人ははっきりと区別されていなかったことが指摘されている（アリエス, 1980）。中世のさまざまな絵画における子どもの身体や姿は，大人とはっきり区別できるように描かれていない。具体的にいうと，子どもの身体は大人の身体をそのまま縮小したように描かれており，丸みを帯びた体型やあどけない顔の表情といった子どもらしさは見られない。アリエスは近代以前の社会において，子どもに対する意識が希薄であったこと，すなわち，子どもは大人と区別された存在ではなく，「小さな大人」として見られていることを明らかにした。

　中世から近代へと移行する中で，子どもに対する意識が芽生える様は，有名な童話『赤ずきん』においても見られる。『赤ずきん』には2種類のバージョンがある。1つはペローによって描かれたもの，もう1つはグリム兄弟によって描かれたものである。小林万里子はこの2つを比較し，赤ずきんに対する母親の声のかけ方や物語の構成に違いがあることを指摘している（小林, 2008: 124-125）。グリム版の『赤ずきん』では，母親は赤ずきんに対して事細かな指示を

しており，その内容（おばあさんには挨拶すること，道草を食わないことなど）も幼児期の子どもを想定したものとなっている。一方，ペロー版の『赤ずきん』では物語の最後に「若い娘」たちに向けた教訓が添えられている。その内容は，男があなたを喰らおうとする狼であるかもしれないと注意を促すものである。ペロー版の後に書かれたグリム版『赤ずきん』は明らかに子どもを意識して書かれている。

　近代以前では，子どもと大人は厳密に区別されていなかった。ところが，大人と区別され，特別な配慮を必要とする子どもの発見に伴って，教育が要請されるようになった。すなわち，成長の途上にある子どもを大人社会から保護し，教師と子どもの関係の中で教育することが求められるようになったのである（坂越，2001: 82）。教師と子どもによって結ばれるこの関係を教育的関係，すなわち「成長しつつある人間に対する成熟した人間の情熱的関係」（坂越，2001: 81）という。

(2) ルソーの消極教育

　近代の思想家ルソー（Rousseau, J. J., 1712-1778）は『エミール』において，子どもを保護し，教育することの必要性を述べている。

> 　人は子どもというものを知らない。子どもについてまちがった観念をもっているので，議論を進めれば進めるほど迷路にはいりこむ。このうえなく賢明な人々でさえ，大人が知らなければならないことに熱中して，子どもに何が学べるかを考えない。かれらは子どものうちに大人をもとめ，大人になるまえに子どもがどういうものであるかを考えない。
> （ルソー，1962: 18）

ここでルソーは，人々が誤った子ども観をもっているために，教育に関する議論も混迷に陥っていると述べている。大人たちは子ども特有のものの見方や学び方を考慮することなく，教えなければならない内容やその教え方を考えることに終始している。彼によると，子どもは本来的に善なる存在であり，その善性に導かれておのずと人間として完成されていくという。ところが，大人た

ちはこのことを理解せず，子どもたちにあれこれ教えてしまい，子どもの自発
的な成長を歪めてしまう。必要なことは子どもの自然を尊重することである。な
お，ここでの自然とは山や川などを意味するのではない。何者にも手を加えられ
ておらず，また，誰からの支配も受けていない自由な状態のことを指している。

　したがって，ルソーの描く教育は消極的なものである。彼は次のように述べ
る。「初期の教育はだから純粋に消極的でなければならない。それは美徳や真
理を教えることではなく，心を不穏から，精神を誤謬からまもってやることに
ある」（ルソー，1962: 132-133）。教育とは子どもに対して大人が積極的に介入す
るのではなく，むしろそれを控え，子どもの善性を歪めてしまうものを取り除
く働きかけである。なお，ルソーの消極教育は子どもが理性の年齢——物事の
善悪や自分にとって必要なことの判断がつく年齢——といわれる12歳に達す
ると終わる。

2. 啓蒙と子ども

(1) 啓蒙とは何か

　大人と子どもが区別されたとして，大人が教える者，子どもが教わる者とし
て位置づけられるようになったのはなぜだろうか。「啓蒙」の概念をもとに，
このことについて検討してみよう。

　大学で初めて教育学を講じたとされる哲学者カント（Kant, I., 1724-1804）は，
啓蒙について次のように述べている。

　　啓蒙とは，人間が自分の未成年状態からぬけでることである。ところでこ
　の状態は，人間がみずから招いたものであるから，彼自身にその責めがあ
　る。未成年とは，他人の指導がなければ，自分自身の悟性を使用し得ない状
　態である。ところでかかる未成年状態にとどまっているのは彼自身に責めが
　ある，というのは，この状態にある原因は，悟性が欠けているためではなく
　て，むしろ他人の指導がなくても自分自身の悟性を敢えて使用しようとする

決意と勇気とを欠くところにあるからである。 (カント，1950: 7)

　啓蒙とは未成年状態から抜け出ることである。ここでいう未成年状態とは，理性を自分で用いることができない状態，つまり道徳的判断（何をなすべきか）を自分以外の何かに委ねている状態である。そして，このような状態に陥ってしまうのは，その人の素質が劣っているからではなく，自分で理性を用いることから逃げているからである。平たくいえば，未成年状態とは自分で考えることを放棄し，子どもにとどまろうとすることであり，啓蒙はそこから抜け出して，大人になることを求める。そして，カントにせよ，近代教育学の祖と呼ばれるコメニウス（Comenius, J. A., 1592-1670）にせよ，人間は教育によってのみ人間になることができると述べている（田代，2003a: 63）。教育は啓蒙を成就するうえで重要な役割――未熟な子どもを教え導く――を課せられているのだ。
　また，啓蒙は人間のみならず，社会の変容をも射程に収めた概念であった。そもそも，啓蒙とは光で照らす，真理によって迷妄を排するという意味であり，そこには人間の理性によって真理を認識し，世界をあるべき姿へと導くという社会変革への希望が込められていた。小笠原が指摘したように，「教育学はそれ自体が『啓蒙の子ども』」であり，「教育学はその存在を『大きな物語』に負うているだけではなく，ほとんどこの物語そのもの」（小笠原，2003b: 59）である。つまり，教育（学）の使命は未熟な子どもを成熟した大人へと導く理論を探究し，啓蒙の成就に貢献することであった。

(2) 完全な隷属状態

　さて，ここでもう一度ルソーに戻ってみよう。ルソーは大人が子どもに対してあれこれ教えることを控えなければならないと述べていた。
　ところが，『エミール』には以下のような一節もある。

　　生徒がいつも自分は主人だと思っていながら，いつもあなたの主人であるようにするがいい。見かけはあくまで自由に見える隷属状態ほど完全な隷属状態はない。こうすれば意志そのものさえとりこにすることができる。なん

にも知らず，なんにもできず，なんにも見わけられないあわれな子どもは，あなたの意のままになるのではないか。かれにたいしては，その身のまわりにあるものすべて自由にすることができるのではないか。あなたの好きなようにかれの心を動かすことができるのではないか。仕事も遊びも楽しみも苦しみも，すべてあなたの手に握られていながら，かれはそれに気がつかないでいるのではない。もちろん，かれは自分が望むことしかしないだろう。しかし，あなたがさせたいと思っていることしか望まないだろう。あなたがまえもって考えていたことのほかにはかれは一歩も踏みだすことはないだろう。なにを言おうとしているかあなたが知らないでいてかれが口をひらくことはないだろう。
　　　　　　　　　　　　　　　　　　　　　　　　　（ルソー, 1962: 191-192）

　一読してどのような印象を受けただろうか。白銀夏樹は上記の一節を引いて，ルソーは子どもを教師の思うように統制することを肯定的に捉えていると指摘している（白銀, 2009: 99-100）。「完全な隷属状態」において，子どもは自由を謳歌していると感じているけれども，実は教師が予想している以上のことはしない。子どもは気づかぬまま，教師によって巧妙に教え導かれている。別の言い方をすれば，生徒の意志の中には，全能の教育者が隠れており，生徒の感じる自由は教師の思う自由でしかなく，子どもは技術的操作の対象である（櫻井・大関, 2019: 99）。こうして見ると，ルソーの消極教育もまた，子どもを教え導くという啓蒙の理念に基づいていることがわかるだろう。

3.　問い直される教育（学）の諸前提

(1)　啓蒙への批判

　先述したように，教育学は子どもを教え導くための理論を探究する学問であった。ところが，現代の教育学では，大人が子どもを導くという図式が批判されている。
　啓蒙の時代であったはずの近代だが，人類は2度の世界大戦を経験し，さま

ざまな惨禍に見舞われた。第二次世界大戦の後，さまざまな哲学者たちが啓蒙
の矛盾を批判するようになった。アドルノ（Adorno, T. W., 1903-1969）とホルク
ハイマー（Horkheimer, M., 1895-1973）の共著『啓蒙の弁証法』によると，啓蒙
は「その概念のうちに，すでに，今日至るところで生起しているあの退行への
萌芽を含んでいる」（ホルクハイマー＆アドルノ, 2007: 11）。つまり，人間に幸福
をもたらすはずの啓蒙の概念が逆説的にも不幸をもたらしたのではないか，と
いうのだ。また，田代尚弘は啓蒙の暴力性を指摘している（田代, 2003b: 125）。
未成年状態からの脱却を目指す啓蒙は粗暴で野蛮な人間を教育によって文明化
するという暴力，野蛮や粗暴と結びついている。無知を排する啓蒙の理念は，
野蛮な人間を補足し，文明的な社会（現代において，このような見方は自文化中心
主義として批判されている）に同化させるという暴力的な側面をもっており，教
育もこの暴力に加担していたのである。
　さらに，啓蒙を達成するうえで重要な役割を課せられていた学校制度に対す
る批判もなされた。イリイチ（Illich, I., 1926-2002）の『脱学校の社会』では，学
校制度が学ぶという主体的な営みを教わるという受動的な営みへと変容させ，
その結果，学校がなければ，あるいは教師がいなければ，学ぶことができない
という制度に依存した主体を生み出しているのではないかと述べられている
（イリッチ, 1977）。また，フーコー（Foucault, M., 1926-1984）の『監獄の誕生』で
は，試験をはじめとするさまざまな制度を通じて学校が，子どもを飼い馴らし
ていく過程が描かれている（フーコー, 2020）。学校において，子どもは教師に
無理やり従わされているのではなく，あくまでも自らの意志で従っている（た
とえば，テストでよい点が取れるように教師の言うことを聞こうというように）の
だ。イリイチやフーコーから見えてくるのは，学校が子どもを自律した主体にする
どころか，かえって他律的にしているのではないか，ということである。言い
換えると，それはカントにおいて克服すべきものとして捉えられていた未成年
状態を学校がかえって強化しているということである。

（2）教育の暴力性

　現代の教育学においては，啓蒙の野蛮に教育が加担したことのみならず，教

育それ自体が暴力や抑圧にもなりうることも指摘されている。丸山恭司は，教育とコロニアリズム（植民地支配を正当化するイデオロギーであり，植民地主義とも訳される）の類比性を以下のように述べている（丸山, 2002: 3）。コロニアリズムは支配国に「先進」「進歩」「文明」といった正の価値を，属国に「後進」「未開」「野蛮」などの負の価値を付与することで，優劣の差をつける。このような序列システムによって，支配国から属国に対する土地の占有や文化侵略は正当化される。また，教育しようとする心性──子どもの特性や子どもを取り巻く教育環境を整備し，悪影響を取り除こうとする──にも同様の思考様式をみることができる。すなわち，「近代教育学は子どもを『我々の手助けが必要な蒙昧』と捉え，コントロールの対象とし，その技術の開発を目指した点でコロニアリズムと類比的」（丸山, 2002: 5）に捉えられるのだ。

　さらに，教育的関係においても，コロニアリズムの特徴が見出される（丸山, 2002: 7-8）。教師は子どもの将来の利益を予測し，子どもに教育的働きかけを行う。たとえ，子どもがこの働きかけを拒否しても，教師は「あなたのために」やっているのだ，とこれを正当化することができる。このような教師の態度には子どもは未熟な者であるという固定的な表象が含意されている。そして，「あなたのために」という正当化は教育という名のもとで，暴力を隠蔽してしまう（丸山, 2014）。このことは，体罰のことを考えると，よく理解できるだろう。体罰を行う大人（教師）は，自分の行為を暴力ではなく，愛の鞭という名の教育的な働きかけとして捉えているのだ。

(3) 教育的関係の揺らぎ

　教育（学）の基盤ともいえる子どもと教師の関係も疑問に付されている。先述したように，教育的関係は，成長途上にある子どもと成熟した教師（大人）との間に結ばれる関係のことを意味している。そして，その成立を支えていたものには，教師の人格のみならず，たとえば，教養と無知といった学知に基づく上下関係なども含まれていた（田中, 2002）。ところが，現代においては，以下の理由から，教育的関係の成立を自明のものとみなすことができない。

　第一に，子どもは教師（大人）よりも無知であるという前提が疑わしいこと

があげられる。たとえば，情報化社会をはじめとする社会の急激な変化を前に，教師（大人）よりも子どものほうが適応していると思われる事例は枚挙に暇がない。メディア・リテラシーにおいて，子どもは教師（大人）よりも卓越していることも想像に難くない。

　第二に，教師と子どもが教育的関係を結ぶ必然性はないことがあげられる。教育的関係は，成長途上の子どもと成熟した大人との間に結ばれるが，両者は別様の関係を結びうるにもかかわらず，なぜこの関係を結んでいるのか。そこには教師と子どもの信頼関があるからだ，ということもできよう。しかし一方で，なぜか教育的関係が成立してしまっている現実が先にあり，その基盤（愛や信頼など）は事後的に見出されるという指摘もある（鈴木・平田・杉田, 2019）。

　要するに，教育はきわめて不安定な教育的関係——その成立が揺らいでおり，かつ，その成立の基盤を見出すことも難しい——のもとで行われている。

4. 新たな教育（学）の構築に向けて——手引きとしての3つの視点

　現代の教育学は，啓蒙批判や教育の暴力性を前提としたうえで，教育理論を探究している。それでは，具体的にどのような議論が展開されているのだろうか。本章では以下の3つを取り上げる。

(1) 子どもの他者性

　1つ目は他者性である。ここでいう他者とは教師の予測を超えた反応を示すことで，完全な統制を断念させる存在である。それは，ウィトゲンシュタイン（Wittgenstein, L., 1889-1951）の『哲学探究』において言及されているような，ある時点まで教師が教えた規則に従って計算をしていたにもかかわらず，突然，その規則から外れた計算を始めてしまうような子どもである（ウィトゲンシュタイン, 1976: 150-151）。教師があることを教えたと確信したその次の瞬間に，その確信を裏切るような子どもの反応，このような他者性を想定することで，教育の暴力性に歯止めをかけることができるのではないかと，丸山は主張している

（丸山, 2002: 10）。

　しかしながら，子どもの他者性を尊重することは教育の暴力性を回避するための倫理であるとしても，それを極限にまで推し進めると，教育そのものを放棄しなければならないのではないか，という懸念もある（松田, 2019: 179）。すなわち，子どもの他者性を尊重することは子どもを絶対的他者，つまり，決して知りえない存在・触れてはならない存在という表象に固定する態度を招きうる。そして，このような態度は，はじめから理解しえない存在として子どもを対象化し，対話を諦めるものであるがゆえに，かえって子どもの他者性を蔑ろにしているといえよう。

　また，子どもの他者性を配慮することは倫理的態度として望ましいように見えるが，むしろこのような態度は強靭な認識能力を前提としており，かえってエゴイスティックな自己に陥るのではないかという批判もある（齋藤, 2002）。要するに，自分は子どもを思いどおりに統制できないことを認識しているというその態度こそ，自身の教育に対する教師の反省を妨げるということである。

(2) ケアリング

　2つ目はケアリングの視点である。アメリカの教育哲学者ネル・ノディングズ（Noddings, N., 1929-2022）はケアする者とケアされる者によって結ばれる関係をケアリングと呼び，この関係に基づいた学校教育を構想している。

　ノディングズは，ケアリングについて以下のように述べている（ノディングズ, 2007）。人間の根本的ニーズはケアすることと，ケアされることである。ケアすることは他者への専心，すなわち他者のニーズを聞き，見て，感じようとする献身的かつ受容的な状態のことを意味する。ただし，ケアリングはケアする者とケアされる者によって結ばれる関係であり，前者の働きかけのみでは成立しない。ケアされる者がケアする者の働きかけを受け入れたとき，ケアリングが成立する。

　ノディングズのいうケアリングは，教育的関係とは異なった関係のあり方を示唆している。ときに教師は教える者としての立場を留保し，ケアする者として，子どもの声を聞き，それに心の底から応答する。そして子どもが教師の働

きかけを受け入れるとき，ケアリングが成立する。それは「教える」者と「教わる」者の関係から，ケアする者とケアされる者という関係への結び直しである。

　さらに，ノディングズはケアする者とケアされる者の関係が永続的に固定されるものではないとも述べている（ノディングズ，2007: 45）。ケアリングの特徴は相互性であり，ケアする者とケアされる者は状況に応じて入れ替わるのだ。教師は子どもをケアする者であるだけではなく，子どもからケアされる者でもある。このことは，教師に対する子どもの心遣い——ときにそれは利害や打算ではない誠心誠意のものである——を想像すると，理解できるだろう。

　また，先に取り上げた子どもの他者性との関係でいうと，ケアリングがケアする者とケアされる者の関係を強調していることは注目に値する。というのも，ケアを受け入れるか否かという視点は，他者性を配慮しているという教師のエゴイスティックな自負を回避するうえで重要であると考えられるからである。

(3) 教育的アーキテクチャ——自由の余地を残した統制

　3つ目は教育的アーキテクチャという視点である。アーキテクチャとはもともと「建築およびその複合体としての都市」（山名，2015: 16）を指すために用いられてきたが，現代ではより広く，社会設計や環境設計を意味する。この概念を世に広めた法学者レッシグ（Lessig, L., 1961-）は，カーステレオの盗難を防ぐために，ステレオメーカーがプログラムを変更し，特定の車種でしか使えなくなるようにすることをアーキテクチャの変更による行動規制の例としてあげている（レッシグ，2007）。このように，アーキテクチャの特徴は，環境設計の変更を通じて，人の振る舞いを変容させたり，方向づけたりしようとする点にある。

　ただし，アーキテクチャは人の行動を完全に統制することはできない。たとえば，若者の投票を促すために，マンガのキャラクターを使ったポスターを作成し，街中に貼ったとしよう。設計者の意図どおり，投票に行く者もいれば，若者に媚びていると感じ，かえって投票に行かなくなる者もいるだろう。鈴木

謙介が指摘するように，アーキテクチャは設計者の意図どおりに常に作用するわけではない（鈴木, 2009）。

関根宏明はアーキテクチャの観点を導入することで，教育における自律と他律のパラドックス——教師が教えれば教えるほど，子どもは教師の言いなりになってしまう——を回避できるのではないかと主張する。つまり，それは「直接当人に働きかけるというよりも，その全体を取り巻く環境や制度への働きかけにより，そこにいる学習者が相対的に本能にしたがった環境への恭順行為へと踏み出しやすくする」（関根, 2015: 47-48）仕方である。ただし，先述したようにアーキテクチャは意図どおりに作用するとは限らない。そのため，教師（設計者）の意図から外れた反応を子どもが見せることもありうる。アーキテクチャによる教育は子どもの自由や主体性を保持しつつも，子どもを導こうとする。しかし，子どもはその誘導を拒否することも可能である。

しかし，いくらアーキテクチャが自由の余地を残しているといえども，多くの子どもたちは設計者の意図どおりに振る舞うのではないだろうか。そこには環境設計の背後に隠れている設計者（教師）と，教師の意図に従って振る舞う子どもの関係を見ることができる。教育的アーキテクチャはルソーのいう「完全な隷属状態」あるいはフーコーの学校論を想起させる。確かに，子どもたちは教師に直接的に指示されることなく，自由を享受している。しかし，それは教師の想定する自由ではないだろうか。

おわりに

ここまでの話を踏まえると，冒頭の教室の場面はどのように見えるだろうか。教育を教師（大人）が子どもを導く営みとして捉える私たちの視点は，何ら自明のものではないことがわかったのではないだろうか。それどころか，本章で述べたように，教育を支えるさまざまな前提は疑問に付されている。

しかし，学校では，日々，教育が行われている。このような現実を前に，教育（学）は何をなすべきなのだろうか。本章を手がかりに考えてみてほしい。

◆**学習課題**

　教育における自律と他律のパラドックスはどのように解消できるのか。
本章をもとに考えてみよう。

引用・参考文献

アリエス，P.著，杉山光信・杉山恵美子訳（1980）『〈子供〉の誕生――アンシァン・レジー
　ム期の子供と家族生活』．みすず書房．

イリッチ，I.著，東洋・小澤周三訳（1977）『脱学校の社会』，東京創元社．

ウィトゲンシュタイン，L.著，藤本隆志訳（1976）『ウィトゲンシュタイン全集8　哲学探
　究』．大修館書店．

小笠原道雄（2003a）「教育学の成立とその発展」．小笠原道雄編『教育の哲学』．放送大学教
　育振興会，29-44．

小笠原道雄（2003b）「教育学の展開」．小笠原道雄編『教育の哲学』．放送大学教育振興会，
　45-60．

カント，E.著，篠田英雄訳（1950）「啓蒙とは何か」．『啓蒙とは何か　他四編』．岩波文庫，
　7-20．

小林万里子（2008）「教育学が描き出す『子ども』の意義」．小笠原道雄・森川直・坂越正樹
　編『教育学概論（教育的思考の作法2）』．福村出版，123-132．

齋藤直子（2002）「教育の希望」．『近代教育フォーラム』第11巻，27-36．

坂越正樹（2001）『ヘルマン・ノール教育学の研究――ドイツ改革教育運動からナチズムへ
　の軌道』．風間書房．

櫻井佳樹・大関達也（2019）「教育学における他者論の問題」．坂越正樹監修『教育的関係の
　解釈学』．東信堂，97-112．

白銀夏樹（2009）「子どもと環境」．小笠原道雄編『進化する子ども学』．福村出版，94-106．

鈴木篤・平田仁胤・杉田浩崇（2019）「教育的関係の存立条件に対するルーマン・ウィトゲ
　ンシュタイン的アプローチ」．坂越正樹監修『教育的関係の解釈学』．東信堂，170-190．

鈴木謙介（2009）「設計される意欲――自発性を引き出すアーキテクチャ」．東浩紀・北田暁
　大編『思想地図vol.3　アーキテクチャ』．日本放送出版協会，110-135．

関根宏朗（2015）「自律と他律のあいだで――『甘え』理論における能動性の問題」．下司晶
　編『『甘え』と「自律」の教育学――ケア・道徳・関係性』．世織書房，38-58．

田代尚弘（2003a）「『人間の教育必要性』のフィクション」．小笠原道雄編『教育の哲学』．

放送大学教育振興会，63-80.

田代尚弘（2003b）「啓蒙と教育（2）」．小笠原道雄編『教育の哲学』．放送大学教育振興会，119-136.

田中智志（2002）『他者の喪失から感受へ――近代の教育装置を超えて（教育思想双書1）』．勁草書房.

ノディングズ，N.著，佐藤学監訳（2007）『学校におけるケアの挑戦――もう一つの教育を求めて』．ゆみる出版.

フーコー，M.著，田村俶訳（2020）『監獄の誕生〈新装版〉――監視と処罰』．新潮社.

ホルクハイマー，M. & アドルノ，T. W.著，徳永恂訳（2007）『啓蒙の弁証法――哲学的断想』．岩波文庫.

松田太希（2019）『体罰・暴力・いじめ――スポーツと学校の社会哲学』．青弓社.

丸山恭司（2002）「教育という悲劇，教育における他者――教育のコロニアリズムを超えて」．『近代教育フォーラム』第11巻，1-12.

丸山恭司（2014）「道徳教育に期待するということ――善意の罠に陥らないために」．丸山恭司編著『道徳教育指導論（教師教育講座　第7巻）』．協同出版，23-38.

森田伸子（2000）「子ども」．教育思想史学会編『教育思想事典　増補改訂版』．勁草書房，323-326.

山名淳（2015）『都市とアーキテクチャの教育思想――保護と人間形成のあいだ（教育思想双書10）』．勁草書房.

ルソー，J. J.著，今野一雄訳（1962）『エミール　上』．岩波文庫.

レッシグ，L.著，山形浩生訳（2007）『CODE VERSION2.0』．翔泳社.

第2章
心理学と子ども

八島美菜子・河村　暁

1. 子どもにかかわる心理学領域

　心理学（Psychology）は，書いて字のごとく「心の 理」の学問である。目に
見えない心というものを科学としてどのように明らかにするのか，人の心への
関心は紀元前の時代にさかのぼる。プラトン（Plátōn, B.C.427-B.C.347）やアリス
トテレス（Aristotelēs, B.C.384-B.C.322）といったギリシャの哲学者たちは，魂や精
神を重視し，身体を第二義的に扱う哲学的霊魂観を形成し，心について多くの
関心を寄せ論じた。その後17世紀には哲学者デカルト（Descartes, R., 1596-1650）
の心身二元論へと引き継がれた。それから200年以上の時を経て「心理学」が独
立した学問として出発したのは，1879年にヴント（Wundt, W., 1832-1920）がドイツ
のライプチヒ大学に心理学実験室を開設した日とされている。
　心理学には多くの分野がある。まずは大きく分けて2つ，基礎心理学と応用
心理学である。基礎心理学には「発達心理学」「認知心理学」「社会心理学」な
ど，人の心の仕組みを一般法則として理論的に研究するものがある。応用心理
学には「臨床心理学」「教育心理学」「産業心理学」などがあり，基礎心理学を
踏まえ，生活の中での具体的活用を目的にした心理学である。本章では「子ど
も」との接点を踏まえて，以下に基礎心理学からは「発達心理学」，応用心理
学からは「臨床心理学」について見ていきたい。

(1) 発達心理学と子ども

① 発達観の変化
　「発達（development）」と聞くとどのような状態をイメージするだろうか。体

重が増えること，身長が伸びることのような量的に増加すること，歩けるようになる，言葉が話せるようになる，といった質的な変化が起こることだろうか。いずれも発達に対するポジティブなイメージであり，グラフに表すなら右肩上がりの上昇傾向である。そのイメージはごく一般的なものであり，多くの人は子どもが大人になる過程を想像するだろう。

　「発達心理学」は発達について扱う心理学であるが，アメリカ心理学会創始者でもあるホール（Hall, G. S., 1846-1924）らを中心に，児童心理学が隆盛した19世紀後半から時を移して，現代では生涯発達心理学という，人が誕生し最期を迎えるまでの一生涯の変化の過程を扱う，ライフコースの心理学となった。この発達心理学の扱う過程の変化が，発達の概念を変化させ，ポジティブ一辺倒ではない「発達」をつくり出した。人の生涯をグラフにするならば，その人生の前半において右肩上がりの成長を経験した後に，成人期，中年期にプラトーと呼ばれる高原状態に至り，やがて老年期には人生の最期に向かって下り坂を描く。つまり，年をとり記憶力や運動能力が衰えるというネガティブな変化も「発達」の姿なのである。かつての，よりよく育ち常に向上していく進歩主義的な発達観が，生涯の変化を扱うことで，障害や発達の遅れを忌避せず，個性と位置づける多様な発達の捉え方，発達観へと変化していったのである。このことは，奇しくも人の世が産業革命以来科学技術の進歩とともに右肩上がりに文明を発展させ，やがて工業化によって公害が起こり環境破壊や気候変動といった負の側面が顔を出すようになり，人の営みが消費主義や拡大主義から持続可能な世の中を目指すことに転換していく現代への変化をなぞるかのようである。2つの世界大戦を経て，1948年国連総会での世界人権宣言の採択以来，人種差別，女子差別の撤廃，児童・障害者の権利保障のための条約が制定されている。この前文では「人類社会のすべての構成員の固有の尊厳と平等で譲ることのできない権利とを承認すること」と記されており，現代においては「多様性（diversity）」というキーワードに代表され，互いの違いを認め合うことを重視する社会へと変化している。発達観の見直しは，こうした歴史的・社会的文脈の上に成り立っている。

②子ども理解へのアプローチ方法の違い

　発達を規定する要因について論じる際に，遺伝と環境について触れることは必須であろう。ゲゼル（Gesell, A. L., 1880-1961）らの唱える成熟（遺伝）説とワトソン（Watson, J. B., 1878-1958）らの唱える環境説の対立的な論争が行われた20世紀初頭と，ジェンセン（Jensen, A. R., 1923-2012）らによってその両者の影響について相互作用説が論じられることとなった20世紀後半では，人の発達を理解するためのアプローチ方法も変化した。

　人の発達には順序性があり，標準的な発達の姿を規定していくことは，20世紀前半の発達心理学の中心的課題でもあった。子どもの能力のさまざまな変化を量的に捉え，個々の発達の特徴をデータとして蓄積し，年齢段階ごとに標準化し輪切りの発達段階を想定した。ピアジェ（Piaget, J., 1896-1980）は，子どもとの一対一で行う実験課題から各発達期の質的特徴を見出す臨床法を使い，独自の認知発達段階説を唱えた。定型発達と呼ばれる標準的な発達の姿を導き出すこと，発達を横に見て標準化することは，子どもとその発達を理解するためには必要かつ重要なアプローチである。しかしそのことは同時に，固定化した知能観を生み，標準的発達測度をもとに個人の発達を測定することへとつながり，その標準的発達から遅れることや外れることへの恐れや不安を生む。親たちはわが子の身長や体重が標準発達曲線に収まるかどうか，1歳になれば歩き，言葉を話せるかどうかを気にして一喜一憂し，標準以上であることを望むのである。

　一方，輪切りではなく発達の連続性に目を向け，個人差を前提として発達を縦に見ることは，個々の子どもの発達への可能性を信じその変化に着目することで，たとえ障害があっても必ず発達し変化するという見方を与える。さらに，ゲゼルの成熟説やピアジェの認知発達段階説で重視された個人に帰結する発達論から，社会的文脈に着目し人間の発達を文化との相互作用によって規定しようとしたブルーナー（Brunner, J. S., 1915-2016）や，生態学的モデルという5つの多様な環境システムと相互にかかわりながら発達することを強調したブロンフェンブレンナー（Bronfenbrenner, U., 1917-2005），人は文化的・社会的環境の中で関係に支えられながら発達すると考えたヴィゴツキー（Vygotsky, L. S., 1896-1934）らに共通する，社会・文化的アプローチへの流れがある。

　一般性や法則性を見出すために，量的研究によって客観的な数字を根拠として読み解いてきた発達の姿は，分析的で横断的である。日本全国どこの学校でも一定の水準が保てるよう，文部科学省が定めている教育課程の基準である学習指導要領の総則では，幼児，児童，生徒の心身の発達の段階や特性を十分考慮して教育を行うことが明示されている。定型発達という基準に照らし，子どもがそれに合った教育を受け，社会化されていくことが想定されているのである。一方の質的研究は，個別性の高い発達支援や介入といった場面での事例研究，対象となる人を文脈ごと記述するためのフィールドワークなどを用い，多様な対象に対して包括的で縦断的なアプローチを可能とし，子どもを輪切りにして理解するのではなく，丸ごと見て理解するという大切な視点を支えている。

　この縦と横のアプローチは，いずれも子どもとその発達を理解するために重要であり，発達観の変化と同様に多様性を認め，すべての人が共生できるインクルーシブ（共生）社会を目指すうえで欠くことのできない視点である。

(2) 臨床心理学と子ども

　「臨床心理学」とは，心に問題をもつ人や障害をもつ人の理解や援助，不適応行動の予防を目的とした，実践的な学問である。多くの人が心理学と聞いてもつイメージはこの分野であるかもしれない。というのも，おそらく学校現場で最初に触れる心理学は「カウンセリング」だと思われるからである。文部科学省では，1995（平成7）年度から，「心の専門家」である臨床心理士などをスクールカウンセラーとして全国に配置し始め，2020（令和2）年現在では，不定期配置も含めた配置率の全国平均は小学校で89.2％，中学校96.4％，高等学校93.7％である。自治体によって配置状況に差があるとはいえ，阪神淡路大震災以来，「カウンセリング」が日本人にとっても馴染みのある言葉に変わり，学校現場にも浸透してきた。その背景にはそれを必要とする社会状況があることは否めない。不登校児童生徒数は2021（令和3）年度に24万4940人（前年度19万6127人）で，1000人あたりの不登校児童生徒数は25.7人（前年度20.5人）。不登校児童生徒数は9年連続で増加し，この年過去最多となった（図1）。

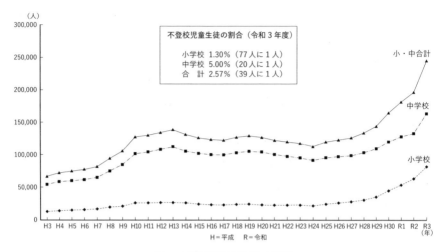

図1　不登校児童生徒の推移

出所：文部科学省初等中等教育局児童生徒課（2022: 7）をもとに作成

　不登校に至る理由はさまざまであるが，学校での人間関係が最も多い。いじめの認知件数も2020（令和2）年はコロナ禍の影響もあってか減少したものの，いじめの定義が変更された10年前から増え続けている。学校現場においては，いじめ・不登校の問題は喫緊の課題といってもよい。

　さらに，2005（平成17）年に発達障害者支援法が施行され，2007（平成19）年から特別支援教育が始まった。発達障害が学校現場で認識されるようになり，通常学級での支援が始まった当初，教師たちはいかに支援すればよいかについて手探り状態で進めていくしかなかった。一方で，欧米ではひと足先にASD（自閉スペクトラム症）やADHD（注意欠如・多動症），LD（学習障害）といった子どもに対する支援が行われ，特別なニーズに応じる教育が進められてきた。そこには，発達障害研究で得られたさまざまな成果をもとに考案された心理療育アプローチがあり，アセスメントから療育まですべてが臨床心理学の研究対象となる。また，当事者のみならず，親支援もその対象となる。次節では，具体的にこれらの研究結果がどのように実際の支援に活かされているのか，具体的事例やアプローチを紹介していく。

2．心理学が子どもにもたらすもの

(1) 実践事例から子どもを読み解く

　心理学の知識は実践の中でどのように活用されるのだろうか。事例を通して具体的に見ていきたい。紹介する事例は個人情報保護のため架空事例ではあるが，実践の現場で実際に観察されるエピソードを組み合わせたものである。

① 架空事例：困難の概要

　小学校3年生のすみれさんは通常学級に在籍しており，知的発達は境界知能の範囲にある。一時的な記憶の働きであるワーキングメモリの言語領域に著しい弱さがあり，読み書きや計算などの学習に困難が生じている。

　算数の学習を進めるときに不思議な症状が見られた。「30」から数えると「……34，35，36，38，40……」のように必ず間違え，間違え方も不安定で毎回異なっていた。「1」から「10」までは正しく数えることができるし，「20」までもほぼ間違えず数えることができる。指導者は「1，2，3……9に『さんじゅう』をつけるだけで，31，32，33……39になるよ」と本人に言って繰り返し練習させたが，1か月たっても同じ状態が続いた。

② 事例の心理学的側面からの解説

　上のようなすみれさんの状態についての記述は，心理学的な知見の蓄積に基づいて書かれている。境界知能とはIQ（知能指数）がおおむね70から85の範囲にあるもので，知的機能の面のみで考えると知的障害には該当しない。しかし一般に集団での学習には困難が生じがちである。このようなIQは知能検査を実施することで得られる。現代的な知能検査の原型は1900年初頭に生まれ，その後，たゆまぬ検査の改良と新しい検査の開発，知能理論の発展があった。現在日本でよく使用されるのはWISC-V，KABC-Ⅱ，DN-CAS，田中ビネー知能検査Vである。これ以外にも語彙の検査などさまざまな検査が用いられる。

　知能検査がどのようにつくられているかはそれほど知られていない。実際は標準化と呼ばれる過程を経ており，開発した検査を多く（検査によっては1000人以上）の子どもに個別に実施してデータを得たうえで統計的な分析によって信頼性・妥当性を確かめたものである。その際，テスターは検査に熟練している必要があるし，子どもも特定の地域に偏らないよう配慮をする。知能検査の実施には通常1時間から2時間あるいはそれ以上かかるので簡単に多人数に実施できるものではない。知能検査の開発や改訂には多くの時間と費用がかかるものである。

　またワーキングメモリとは何らかの課題に取り組むときに情報を一時的に覚えておく働きを指す。1970年代に提唱され現在に至る心理学的な概念である。ワーキングメモリの言語領域の検査には言葉を覚えるものがあり，すみれさんはこれに著しい弱さがあった。

　このように見てくると，すみれさんの知的発達やワーキングメモリは専門家が「カン」で評価しているのではなく，心理学的な理論と心理学的な手続きで作成された検査によって客観的に評価していることがわかる。

　それでは，すみれさんはなぜ数え間違えるという困難が生じたのだろうか。仮説としては次のようなことが考えられる。第一に30以降は普段あまり数えないために練習不足となることである。練習不足・経験不足は無視できない要因である。しかし，それだけなら繰り返し練習する中でできるようになりそうである。第二の仮説としてはさっき口に出した数を覚えていない可能性があげられる。「1，2，3……」や「……21，22，23……」「……31，32，33……」という数え上げを音で表すと次のようなものになる。

　「いち，にい，さん……」

　「にじゅういち，にじゅうに，にじゅうさん……」

　「さんじゅういち，さんじゅうに，さんじゅうさん……」

　21や31以降の数え上げでは「いち，にい，さん……」の間に「にじゅう」や「さんじゅう」という音を挟み込んでいる。「にじゅう」に比べて「さんじゅう」は発音している時間が長い。すみれさんは「さんじゅう・ろく」と言ってから次の「さんじゅう」を言っている間に最後の数が「ろく」だったのか「なな」だったのか忘れてしまっているのかもしれない。そこで次のように

支援を行っていった。

③事例について支援と心理学的側面からの解説

　まず「いち，　　　にい，　　　さん，　　　……」のように数と数の間に3秒
程度の時間をあけて数え上げるように求めた。すると「ろく，　　　はち，
きゅう」のように数え飛ばしてしまう現象が見られた。時間をあけると前の数
を忘れているのである。そこで「いち，　にい，　さん，　……」のように短い
無音の時間を入れて数え上げる練習をして，それができるようになったら少し
ずつ無音の時間を延ばしていった。

　次に「いち，　　　にい，　　　さん，　　……」の音の間に別の音を入れる練習を
行った。考えてみれば「さんじゅう」というのは「さん」と「じゅう」という
数を表す言葉である。それを「いち，にい，さん……」という数を表す言葉の
間に挟み込んでいくのだから互いに干渉してしまいやすい。心理学の実験で数
をたくさん覚える課題を実施しているとき，提示されていない数を間違って答
えるエラーは見られても，そこに間違って数でない言葉が混ざることはない。
そこで音と音が干渉しにくいよう，次のように最初は数ではない言葉「ねこ」
を挟み込む練習をした。

　「ねこいち，ねこに，ねこさん……」

　最初はこれだけで「……ねころく，ねこはち……」と数え飛ばすエラーが生
じたが，徐々に間違えないようになった。そして次のように次第に長い言葉を
挟んでも間違えなくなっていった。

　「たいのさしみいち，たいのさしみに，たいのさしみさん……」

　最後に「さんじゅう」を挟み込んで「31，32，33……」の数え上げの練習を
して，エラーなく40まで言うことができるようになった。

④支援の解釈についての課題

　このような結果から，本児の数え上げの困難はワーキングメモリの弱さに由
来していることが推定できる。実際にそのことを考慮した支援を行うことで困
難が改善していることが根拠となる。しかし，今回の事例は1人の子どもに心
理学的仮説に基づいて支援を行ったところたまたまよい結果になっただけであ

り，もしかすると支援をしなくても自然に改善する時期だったのかもしれない。同じ症状を示す別の子どもではうまくいかないのかもしれない。

　心理学は科学の1つであり再現性が重要である。つまり違う研究者が今回と同じ方法・条件で同じ研究（実践）を行えば同じ結果が得られる必要があるのである。しかし，このような実践におけるデータは再現性を確認するためにさまざまな困難がつきまとう。第一に同じ条件の子どもに出会うのが難しいことである。本児のように小学校中学年になって数え間違える子どもはそれほど多くはない。第二に同じ条件で実践ができるとは限らないことである。子どもの関心や体調が異なり同じ条件での学習に取り組めないかもしれない。

　心理学ではランダム化比較試験の結果が重要視される。これは，たとえば数十人の対象児をランダムに2群に分けて片方には今回ターゲットになっている方法で支援を実施し，もう片方（コントロール群や統制群と呼ばれる）には別のやり方で支援を実施して結果を比較するものである。研究にとって都合のよい子どもを選ぶことを防いだり，支援者と子どもがやり取りすることだけでも生じる基本的な効果を考慮したりするためである。しかし本児の症状はそれほど多くの子どもが示すわけではないので，事実上，こうした検証を行うことは難しい。実践でのデータの分析は，もっと少ない人数でも実行が可能なノンパラメトリック分析を用いたり，研究デザインを工夫して一事例の中で条件を変えて効果を検証することが行われたりする。また，このような事例的な検討を行うことができる研究方法としては応用行動分析が知られている。

(2) 子どもへの多様な支援

　ここまでは事例を通して心理学的な検査や研究方法の課題を見てきた。ここからは心理学を活用してどのようなスタイルで支援が行われるのか俯瞰していく。

① 心理学的アプローチ

　子どもにとって学習は大きな課題である。近年，発達障害の概念が広く知られるようになった。発達障害の1つにLDがある。LDのある子どもでは，IQは平均範囲にあるのに字を読むことなどに著しい困難を生じる。読みが困難

な子どもでは小学校1年生の夏を過ぎてもひらがなを読むことができなかったり，3年生になっても1文字1文字を拾い読み（逐字読み）し，読むことにエネルギーを使ってしまい内容を理解できなかったりする。書くことが困難な子どもでは字を読めないために書けない子どももいるし，字はよく読めるのに書けない子どももいる。計算が困難な子どももおり「8は，5といくつか？」という数の分解ができなかったり，小学校高学年になっても（場合によっては高校生になっても）簡単な計算に指を使っていたりする。またLDのある子どもは普段のやり取りは他の子どもと同様にできるためにこうした学習の困難が「怠け」「やる気の問題」と解釈されて努力を強要されたり，叱責されたりする。見下されることも多く自己評価の低下につながり，二次的な障害としてうつ症状を生じることもあるし，対人コミュニケーションに問題が生じることもある。

　学習の困難が主訴であっても子どもによって多様な困難が存在し，また多岐にわたる支援の必要性（教育的ニーズ）が生じる。したがって，LDのある子どもに対しては学習への支援，自己評価への支援，社会性への支援，ソーシャルスキルトレーニング，就労への支援，保護者やきょうだい児への支援など多様なアプローチがなされる。そこには発達心理学の知識，教育心理学や認知心理学のアプローチ，社会心理学の知見，応用行動分析など心理学全般の蓄積と先端的な知見が横断的に活用される。

　また，学習の困難はLDのある子どもだけが示すものではない。知的障害や視覚障害，聴覚障害，肢体不自由などのある子どもは，脳機能の働き方や学習へのアクセスにそれぞれ固有の困難がある。そこにもさまざまな心理学的知見が活かされていく。

　このようにして見ていくと1つの顕在化した困難にもさまざまな背景があり，その支援のためには多岐にわたる心理学的な知見の応用が必要なことがわかる。

② 他領域との協働的アプローチ

　発達障害の1つにADHDがある。ADHDのある子どもでは衝動性・多動，不注意などが見られる。たとえば，幼稚園で自分が遊びたいものを他の子どもが持っているとき衝動的に手に取って（相手からは奪い取ったように見える）トラブルになったり，「お集まり」で座ることができず他の子どもが座っている横

で1人動き回っていたりする。子どもによっては座ってはいられるが気が散りやすい。どこかから来る音に気を引かれたり，机の上にあるものを目に入ったものから次々と触ったり，今やっていることから別のことに移ってしまい課題を完遂できなかったり，やるべきことを忘れたりする。子どもによってはADHDとLDやその他の障害が併存することもある。他の障害にADHDが併存すると学習の困難や就労の困難などがより大きくなることが知られている。どんな活動においても注意を適切な水準に保つことや計画的に活動することは重要である。

　ADHDのある子どもへの支援としては，中枢神経系に働きかける薬物によって衝動性や不注意を適切な水準にしようとする薬物療法や，保護者の子どもへの働きかけ方を適切なものにするペアレントトレーニングがある。薬物療法は医学的なアプローチであり，ペアレントトレーニングは応用行動分析を基盤の1つにする心理学的なアプローチである。医学に限らず発達障害のある子どもに支援を行うときは心理学以外の教育・福祉など他領域との協働的なアプローチが必要とされる。

③ 感情へのアプローチ

　LDやADHD，ASDに比べるとあまり知られていないが，実践現場では不安症や強迫症の子どもにも出会う。不安症とは過度な不安や恐怖があるもので，保護者から離れることができない程度が著しかったり，特定のものに著しい恐怖を感じたりするものである。コミュニケーション能力はあって家では会話できるのに園や学校では話ができなくなるものもある。強迫症は，バイキンがついているという強迫観念から手洗いを何時間もやめられない強迫行為や，鍵が閉まっているかを生活に差し障りがあるほど長時間確認したりする症状がよく知られている。子どもは言語化する能力が十分でなく，たとえば水を飲んだときの感じが「ピッタリこない」ため何度も水を飲み直すなど，観察からはわかりにくいような症状が誰にも知られず続いていることがある。脳における不安に関与する部位が過剰に活動することや，それをコントロールする部位の活動が不十分であることから生じてしまうと考えられている。

　こうしたいわば「気持ち」「感情」に関連する困難に対して「大丈夫だよ」

と声をかけたり安心させようとしたりすることは，支援者の意図と異なりそれほど効果がないことがしばしばである。情動に関する症状への支援としては認知行動療法が知られており，さまざまな場面での不安を得点化して序列化する不安階層表を作成して，取り組みやすいものから取り組むことを通して不安がやがて低減することを学習したり，考えの歪みを検証しバランスをとっていったりする。

④ おわりに

　このように多様な心理学領域を基盤としたアプローチが子どものさまざまな困難に対応して行われる。また，他領域のアプローチと協働して行われたり，さまざまな心理学的アプローチから選択して行われたりする。心理学的アプローチは実践の現場ではなくてはならないものといえる。

　実践の結果は効果を検証することに難しさもあるが，研究デザインを工夫したり適切な統計分析を用いたり研究を組み合わせたりすることでこうした難しさを乗り越え，根拠に基づいた支援を行っていくのである。

> ◆ 学習課題
>
> 　子どもを理解する手立てとして，心理学を活用することには，どんな利点があるか考えてみよう。

引用・参考文献

小田豊・森眞理編著（2007）『子どもの発達と文化のかかわり——一人一人の子どもにふさわしい保育をめざして』. 光生館.

近藤直司編著（2014）『不安障害の子どもたち』. 合同出版.

島宗理（2019）『応用行動分析学——ヒューマンサービスを改善する行動科学』. 新曜社.

平岩幹男総編集，岡明・神尾陽子・小枝達也・金生由紀子専門編集（2016）『データで読み解く発達障害』. 中山書店.

宮本信也編（2019）『学習障害のある子どもを支援する』. 日本評論社.

文部科学省初等中等教育局児童生徒課（2022）「令和3年度児童生徒の問題行動・不登校等生徒指導上の諸課題に関する調査結果について」.

第3章
教科教育学と子ども

植田敦三

1. 教科教育学（算数科教育学）から見た子ども学

　本章では，教科教育学，とくに算数科教育学の立場から子どもについて考えるとはどのようなことなのか，また，このことを通して算数科教育研究にどのような示唆を得ることができるのかについて述べてみたい。

(1) 子どもの人間学の視座に立つ子ども学

　教科教育学の立場から子どもについて考えるためには，「子ども」，ひいては子どもをめぐる学としての「子ども学」をどのようにとらえるのかを確認しておく必要がある。2009年に出版された『進化する子ども学』の序章（小笠原，2009）にその足場を求めてみたい。
　同書では，「人間の自己理解は価値判断と不可分であり，人間は子どもとして始まり，子どもは教育の助けを得ることなく人間として自己形成することはできない」（小笠原，2009: 20）という立場に基づき「子どもの人間学」を創始したオランダの教育（学）者ランゲフェルト（Langeveld, M. J., 1905-1989）の主張を基本としている。「子どもの人間学」は，子どもの特質の数量化を通して子どもを理解しようとするものではなく，実際の生の中で成長しようとしている子どもにとって，経験し学んでいることの意味を全体的・総合的に把握しようとするとともに，子どもが生きる未来との関係の中で子ども自身がどのように自己や世界を見ているのか，感じているのかを把握しようとする子どもを対象とした学であるとして説明されている。「子どもの人間学」では，「子ども」を，未来において実現されるべき自己自身を目指して努力しつつ，未来へ自己

を投げ入れることによって成長している存在として捉えている。

　以上のように，子どもを全体的に捉えようとする「子ども学」は，自己完結的な学問として構成されるものではなく，子育てにかかわる保護者や教育関係者等によって共同作業の中で展開される実践学である。ここで留意しておきたいことは，実践学としての「子ども学」はその場その場にとどまる単なる実践ではなく，「未来の子ども学」という性格を背負わなければならないことである。子どもが生きる未来を描きながら，今を生きている子どもにとって何が必要であるのか，その価値を問い続ける実践学である。

(2) 教科教育学（算数科教育学）とは

　教育は人間形成を中心課題とする社会的な営みである。教育では，人間形成という用語が用いられるが，あらためてその意味を問われると答えに困ることがある。本章では，教科教育学の本性について教育学的考察を加えた高久清吉(1968) の所論に立って人間形成を捉えたい。なぜなら，高久による人間形成の捉え方は，教科教育学との親和性が高いからである。

　高久によると，人間形成とは人間の「自己理解」，人間を取り巻くさまざまな現実の「世界理解」，そしてこれらの理解に基づいて自ら判断し，決定し，行動しようとする「内的動機づけ」を基本的な柱として，人間が「生きることを学ぶ」ことを助けることである（高久, 1968: 259-265）。教科教育学は教科を通して人間形成にかかわろうとする教育活動に関する学であり，算数科教育学は算数科の立場からその役割の一端を担おうとするものである。

　学校では教科やさまざまな教育活動が互いに連携し合いながら全体として人間形成に携わっている。しかし，国語科，社会科，算数科などの各教科が存在しているということは，それぞれの教科が他の教科によっては代替できない固有の教育的役割を担っていることを意味している。算数科教育の立場からの考察に先立って確認しておかねばならないことは，人間形成に対して算数科が担っている教育的役割とは何かということである。

　算数科では，3R's（読，書，算）の1つである計算に関する諸技能を獲得させることが主要な役割であると考えられた時期も確かにあったが，今日，算数

科において筆算の仕方などの計算技能自体が占める意味・位置が大きく変化してきていることからもわかるように，より広い文脈で算数科が果たすべき教育的役割が論じられなければならない。

　私たちの周りには日々さまざまな事象，現象が生じており，それらを数，量，図形および関係の観点から主体的に把握することなく，私たちが生きていくことは不可能であろう。ただし，同じ事象や現象に接したにもかかわらず，異なった捉え方をすることがあることからもわかるように，私たちが捉える世界は私たち自身の捉え方に従って把握された世界であり，自己の理解に依存している。私たちは周りにある世界を自らの捉え方を基本にしながら解明し，表現し，そこで得られた事柄を共有することによって「世界理解」を深めていく。また，この過程で世界とかかわろうとした自己の存在をより深く意識し，「自己理解」を深めていく。このように「世界理解」と「自己理解」は密接した関係にある。そして，世界の変化・発展に参加できた自己を意識し，自己の存在を信じ，より進んで世界とかかわろうとする「内的動機づけ」が形成されていく。

　算数科は，私たちを取り巻く世界に生じるさまざまな事象，現象を数，量，図形および関係の観点から把握し，解明し，表現し，発展させる過程において，人間形成に対する教育的役割を果たそうとするものである。このような算数科の教育的役割をここでは数理認識形成と呼んでおこう。この捉え方は算数科において何も新しいものではなく，今日のわが国の算数科教育の目標の中心に位置づけられている「数学的な見方・考え方の育成」に通ずる教育理念である。

(3) 算数科教育学から子ども学を見る視座

　算数科が人間形成に対する教育的役割を果たそうとするのであれば，算数科の主要な内容である数，量，図形および関係に関する数理認識の立場から，未来を生きようとする子ども自らが自己と世界をどのように感じているかについて，「世界理解」「自己理解」および「内的動機づけ」に焦点を当て，子どもの周りに生じている意味世界や課題を捉え直そうとする試みを避けて通ることは

できない。この試みが，実践学としての子ども学の進展に対する算数科教育学
からの一助になる。

　すでに述べたように，子どもであっても大人であっても，私たち自身が捉え
た世界は自己の中に形成された枠組みによって把握されたものであり，自己の
ものの捉え方や見方の特徴は，私たちを取り巻く世界をどのように把握したの
かということを通して理解することができる。世界理解についての省察を通し
て自己理解を進めたり深めたりすることができるだけでなく，新たな世界理解
へといざなってくれる。

　では，自己による世界理解の基盤となる枠組みはどこからくるのであろう
か。この枠組みの多くは社会的な過程（生活・経験，教育など）を通して個人や
集団の中に何らかの意味において形成されたものとして理解することができ
る。このことは，「子どもの人間学」の基本的な立場に通ずるものである。

　以上のことから，算数科教育学の立場から見た子ども学についての考察を進
めるうえで，少なくとも社会的な過程として実施されている算数科教育の基
準であるカリキュラム自身のあり方を問い直すことは有効であろう。ただし，
カリキュラムは学習指導要領だけを指すのではないことに注意したい。カリ
キュラムには3つの水準がある。すなわち，意図したカリキュラム（Intended
Curriculum），実施したカリキュラム（Implemented Curriculum），達成したカ
リキュラム（Attained Curriculum）の3つである。このカリキュラムの水準は，
1994年，1995年に実施された第3回国際数学・理科教育調査で用いられた概念
モデルである（国立教育研究所, 1996）。

　意図したカリキュラムとは，国レベルで教育制度として決定された内容のこ
とであり，わが国の学習指導要領や教科書に埋め込まれている。実施したカリ
キュラムとは，意図したカリキュラムに対する教師の解釈に基づき児童に教え
られる内容のことであり，授業での実際の指導や教師の態度などが含まれる。
達成したカリキュラムとは，子どもが学校教育を通して獲得した概念や態度の
ことである。これら3つのカリキュラムは，社会的制度としての最も広範なと
ころから，教室を経て子どもへと移っていく関係にある。前者の2つの水準は
子どもを取り巻く社会的な過程に，もう1つの水準は，子ども自身による自己
理解の表現としての世界理解にかかわっている。

　次節以降では，これらのカリキュラムの立場から子どもを取り巻く現状と課
題について考察してみたい。

2.　算数の学びのエピソード——分数のわり算を事例として

　本節では，算数科教育にかかわる社会的な過程とそこで生じている子ども自
身による世界理解（ひいては自己理解）の観点から子どもの実際を把握するた
めのエピソードを紹介する。

　紹介するエピソードは，スタジオジブリ制作のアニメ作品『おもひでぽろぽ
ろ』（1991年）の一場面である。架空ではあるが，現実性のあるエピソードで
ある。登場人物は，姉（ヤエ子）と主人公（タエ子）の2人である。分数のわり
算の計算に関するテストがうまくできなかった小学校5年生のタエ子が，高校
2年生のヤエ子に算数を教えてもらう場面である。エピソードで扱われている
分数のわり算の計算問題は $\frac{2}{3} \div \frac{1}{4}$ である。

　ヤエ子：九九をはじめから言ってみなさい。

　タエ子：九九なんて言えるわよ。もう5年生だよ。

　ヤエ子：九九ができるなら，どうしてまちがったのよ。

　タエ子：だって，分数のわり算だよ。

　ヤエ子：分母と分子をひっくり返してかければいいだけじゃないの。学校で
　　　　　そう教わったでしょ。

　タエ子：うん。

　ヤエ子：じゃ，どうしてまちがったの。

　タエ子：分数を分数でわるってどういうこと。

　ヤエ子：エッ。

　タエ子：3分の2個のりんごを4分の1でわるっていうのは，3分の2個のり
　　　　　んごを4人で分けると1人何個かっていうことでしょ。

　ヤエ子：エッ，うーん。

　タエ子：だから，1，2，3，4，5，6で1人6分の1個。

ヤエ子：ちがう，ちがう，ちがう。それはかけ算。

タエ子：どうして？　かけるのに答えはどうして減るの？

ヤエ子：3分の2個のりんごを4分の1でわるっていうのは……。とにかく，りんごにこだわるからわかんないのよ。かけ算はそのまま，わり算はひっくり返すって覚えればいいの。

タエ子：(ヤエ子に教わった後，りんごを食べながら) 3分の2個のりんごを4分の1でわるなんて全然想像できないんだもの。だって，そうでしょう。3分の2個のりんごを4分の1でわるっていうのは……。

このエピソードの中でのタエ子とヤエ子のやり取りをまとめると以下のようになる。

タエ子が分数のわり算の計算をできていないことに驚いたヤエ子は，開口一番，タエ子に九九を唱えることができるのかと問うている。小学校5年生だから九九が言えるのは当然だと応えるタエ子に，九九が言えるのになぜ分数のわり算を間違えるかとヤエ子はあきれ，分母と分子をひっくり返してかければよいだけなのに，学校で教えてもらっていないのかと追及している。

タエ子はひっくり返してかければよいと教わったことを認めながらも，分数を分数でわるとはどういうことかと分数のわり算の意味について問い返し，自らの捉え方をりんごモデルで説明しようとするタエ子に対して，ヤエ子自身もよくわからず，かけ算はそのまま，わり算はひっくり返すと覚えればよいということを繰り返している。

タエ子は，ヤエ子から教えてもらった後も，分数を分数でわることの意味を自問し続けている。

3. 算数科の学びから見える子ども

第2節で紹介したタエ子とヤエ子のエピソードから，子どもの算数の学びで実際に生じているいくつかの課題を見出すことができる。

(1) 同音異義語としての「理解」

　私たちは，日常的に「わかった」「わかりましたか？」などと「わかる」という言葉を用いているが，あらためて「わかる」とはどういうことかと問われるとよくわかっていないことに気づく。

　算数・数学学習を心理学の立場から研究したノルウェーのベルゲン大学のスケンプ（Skemp, R. R., 1919-1995）は，理解を「道具的理解（Instrumental Understanding）」と「関係的理解（Relational Understanding）」との2つに区分している。前者は知識や概念を根拠の伴わない単なる手続きとして機械的な記憶により保持している状態であり，一連の手続きは正しく実行できるが，なぜそうするのかという問いには答えることができない。それに対して，後者は根拠を伴い，さまざまな事柄と関係づけて保持している状態を指しており，もし問われればなぜそのように処理するのかについて根拠を示すことができる。「理解」という言葉は一般的には「関係的理解」を指していると思われるが，算数科の学習においては「道具的理解」も「理解」として用いられることがある。2つの「理解」はまるで同音異義語である。

　エピソードの中では，「理解」という言葉こそ用いられていないが，「道具的理解」と「関係的理解」という「理解」という言葉がもつ二面性に起因するタエ子とヤエ子のすれ違いが描かれている。ヤエ子は「分数をひっくり返してかければいい」という記号操作としての説明に終始する道具的理解に立つ理解であるのに対して，タエ子は「分数でわるってどういうこと？」と計算の意味を問いかけ，自らりんごモデルを用いて説明しようとしている。これは関係的理解に立つ理解である。ただし，タエ子の分数のわり算の意味の捉え方には，整数によるわり算との混乱があり，間違ってはいるが。

(2) 既習知識に基づく新しい知識の把握

　タエ子は $\frac{2}{3} \div \frac{1}{4}$ の計算の意味を「3分の2個のりんごを4分の1でわるっていうのは，3分の2個のりんごを4人で分けると1人何個かっていうこと」と捉えている。この捉え方は，式が $\frac{2}{3} \div 4$ であれば，等分除のわり算として適切な捉

え方であるが，除数が整数から分数に拡張されたわり算においては等分という捉え方は排除され，単位量あたりの大きさを求める計算としてわり算の意味が捉え直される。しかし，タエ子は，意味の拡張を伴う新しい内容である分数のわり算に出会ったときに，既習事項である整数のわり算に関する知識を変容させることができなかったようである。

　タエ子が分数のわり算を学習したときにこのような意味変容がなされていないことは，「どうして？　かけるのに答えはどうして減るの？」という驚きにも表れている。整数倍では答えは元の数より大きくなるが，1より小さい数をかけると答えは小さくなる。これは算数学習において，子ども自身がもっている既習知識を変容させることの困難さを物語っている。新しい知識が既習知識に同化できる場合は，算数学習ではあまり大きな問題は生じないが，既習知識の調節が必要となる場合にはタエ子やヤエ子と同じような課題が生じることが多い。

(3) 関係的理解における文脈の必要性

　分数のわり算の意味を説明しようとするタエ子はりんごを用いている。このエピソードから，「関係的理解」としての理解には文脈が必要であるということが示唆される。「道具的理解」としての理解は意味や根拠を伴わない単なる記号操作であるため，文脈は不要である。実際，りんごモデルを用いて分数のわり算の意味を説明しようとするタエ子に対して，「道具的理解」に立つヤエ子は「りんごにこだわるからわかんないのよ」と指摘し，文脈を排除することを促している。演算の意味を問おうとしないヤエ子は分数のわり算の計算を正確に実行できても，分数のわり算がもつ機能について言及することができず，実際の生活で活用することはできない。

　言語は文脈とともに習得されるというのは，言語学では常識的ともいえる捉え方と思われるが，算数科では文脈を問題提出の一形式として利用することはあっても，物事を関係的に理解するための基盤として文脈を位置づけたり，算数的な知識・技能を文脈とともに習得させようとしたりする傾向は低いのが現状なのであろうか。

（4）隠れたカリキュラムの存在

　ヤエ子は分数のわり算の計算ができないタエ子に対して，「なぜ学校で教わったとおりにしないの。ひっくり返してかけるだけじゃないの」と教え，分数のわり算の意味について説明しようとするタエ子に「とにかく，りんごにこだわるからわかんないのよ。かけ算はそのまま，わり算はひっくり返すって覚えればいいの」と言葉をかけている。ここには，りんごモデルを用いて何とかしてわかろうとするタエ子の存在を横に置いて，学校で教わったことをそのまま丸暗記することが学習なのだというヤエ子の算数学習観がある。

　「道具的理解」に立つヤエ子の学習観はどこからくるのであろうか。算数科教師が授業を積極的に「道具的理解」の立場からデザインしようとする姿を想像するのは難しく，子どもを取り巻く社会そのものに埋め込まれた算数学習観がさまざまな学習場面を通して内面化した結果として理解すべきことかもしれない。

　このような学習観は，意図したカリキュラム，実施したカリキュラムとしてその獲得は想定していないにもかかわらず，ヤエ子の中に内面化された捉え方であり，隠れたカリキュラムと考えることができる。

4．子どもから見た算数科教育学の課題

　前節では，エピソードを通して見える子どもの課題のいくつかを取り上げた。本節では，抽出された課題の改善に資すると思われる事項を算数科教育学の課題として整理してみたい。

（1）社会の変化に伴う算数科の内容の見直し

　社会が発展すればするほど社会は数学化され，そこで生活する人々には用いられている数学が見えにくくなり，ブラックボックス化されてしまう傾向がある。このような社会に生きる子どもにとって数学的な知識や概念は脱文脈化さ

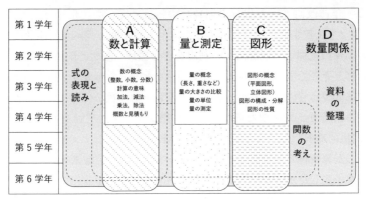

図1　2008（平成20）年の算数科の領域構成

出所：文部科学省（2018: 38）をもとに作成

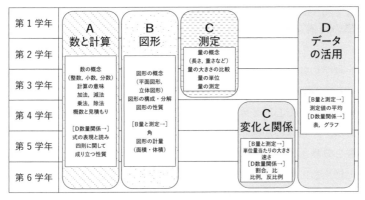

図2　2017（平成29）年の算数科の領域構成

出所：文部科学省（2018: 38）をもとに作成

れた対象となる。結果として，子どもが文脈を伴ったものとして数学的な事柄を経験することの困難さが増し，「道具的理解」の対象として数学を位置づけることになるとともに，数学化された社会を批判的に生きることを難しくしてしまう。

　社会の発展と数学的知識が上述したような関係にあるとすれば，算数科の指導内容も時代の変化に対して敏感でなければならない。

　図1は2008（平成20）年に改訂された前回の算数科の領域構成，図2は2017

（平成29）年に改訂された現行の算数科の領域構成を図式化したものである。図1と図2を比較すると，現行のカリキュラムは前回と比べて，事象の変化や数量の関係の把握と問題解決への利用を含む領域「変化と関係」，不確実な事象の考察とそこで用いられる考え方や手法などを含む領域「データの活用」が明確に位置づいていることがわかる。よりいっそう数学化されるこれからの社会を読み解くうえで必要な数学的知識や概念が数学的活動を通して文脈化され，「関係的理解」の対象となるように配慮されている。

　上述した算数科の領域構成の変化から，算数科の内容も未来の子どもが生きる社会を予測しながら変化しようとしていることがわかる。このような意図したカリキュラムの見直しは子どもを取り巻く社会の理解に基づくものであり，子ども学と算数科教育学との連携により展開される作業である。

(2) 知識の再構造化のメカニズム

　認知心理学の知見を援用すると，思考するうえで必要なことは知識（この知識は何らかの意味において構造化されている）であり，知識は同化と調節という二面的な側面をもった心的メカニズムによる再構造化の過程を本質とする過程的概念である，というのが基本的な考え方である。同化とは自分がもっている知識で事態を処理しようとする側面であり，調節とは事態に合わせて自分の知識を調整・修正し，発展させようとする側面である（中原, 2000: 53）。

　たとえば，きょうだいでお菓子を等しく分ける経験をもっている子どもにとっては，等分除の意味は自らの体験に基づく知識に照らして自然なこととして処理することができる。このような経験的知識に適切に同化された計算手続きは関係的理解としての知識となろう。しかし，数の範囲が小数や分数に拡張されると，そこでは等分という操作が意味をなさず，自分がもっている知識だけでは対応できなくなる。このような状態になると，新しい事態に対処する方法としては，既習知識に合うように新しい知識を変容させてしまうか，新しい知識が統合されるように既習知識を変容させるか，既習知識の存在を無視して丸暗記してしまうかであろう。タエ子とヤエ子のエピソードに当てはめてみてほしい。

　算数の学習では，一度習得された知識はいつまでもそのままの状態で存続し続けるのではなく，常に同化と調節のメカニズムにより量的・質的に発展し再構造化されていく。算数の知識は常に再構造化されることにより，その有用性を担保している。

　算数科の授業において知識や概念の再構造化がなされる場面は多々あるが，適切な同化や調節が機能しているのかどうか検討が必要である。子どもの理解の実際に即してカリキュラムの構造の見直しを行うとともに，知識の再構造化を目指した授業づくりについての研究を進める必要がある。

(3)　学習の場における見方・考え方の育成と技能の定着の統合

　「関係的理解」と「道具的理解」の対立として捉えたタエ子とヤエ子のエピソードは，算数科として「見方・考え方の育成」と「技能の定着」のどちらを重視するのかという問いとして読み換えることができる。算数科において，これらは学習指導のねらいの両極に位置づけられがちな学力の2つの側面ではあるが，本来，両者は学習の場において統合的に扱われるべきものであり，適切な学習材の開発が望まれる。

　「見方考え方の育成」と「技能の定着」の統合を実現する学習材として，ビットマン（Wittmann, E. Ch., 1939- ）らによって推進されているプロジェクトにおいて採用されている生産的練習（構造化された練習）が参考になる（ビットマン, 2000）。

　以下に，関数の考えの育成と足し算の習熟を目指した学習材を紹介する。

【生産的練習の事例】

> 　子どもに以下の計算問題を順に1つずつ提示し計算させると，
>
> $$1+2+3+4+5+6+7+8+9+10 =$$
> $$2+3+4+5+6+7+8+9+10+11 =$$
> $$3+4+5+6+7+8+9+10+11+12 =$$
> $$……$$
>
> 　はじめの2，3個の問題については，子どもは実際に計算をして，55,

65，75……と答えを求めているが，途中から計算をせずに答えを出すように
なる。計算式を提示する前に次の答えを言う子どももいる。教師が「な
ぜ計算をしないで答えがわかるの？」と発問すると，10ずつ増えている
からと自らの気づきを述べ，答えが10ずつ増える理由を変化と対応の関
係から説明し始めるようになる。

　計算練習として始まった学習が，いつのまにか事象の中にある規則性の発見
と，発見した規則性の根拠の説明の場に変化している。このような経験は，子
どもの算数学習に対する姿勢の変容を促すという示唆が得られている（天野・
古本・石橋, 2003）。子どもが取り組みたくなる学習材が満たすべき要件に関す
る研究が待たれる。

　本章では，数理認識形成に資するカリキュラム開発を主要な研究対象とする
算数科教育学の立場から，子どもの算数学習の中に生じている課題を『おもひ
でぽろぽろ』のエピソードを事例として分析するとともに，抽出した課題を算
数科教育学の研究課題として位置づけてみた。この試みが，子育てにかかわる
保護者や教育関係者と共有できる「臨床の知」の一部になりうるのであれば，
教科教育学も「子ども学」を構成する学問の1つとして手をあげることができ
る。ただし，本章は算数科教育学からの1つの試みであり，教科教育学からの
アプローチには至っていないことを記しておかねばならい。

◆学習課題
　さまざまな生活の中で，私たちが活用している算数・数学的な知識・技
能や見方・考え方を見つけてみよう。

引用・参考文献
天野秀輝・古本宗久・石橋康徳（2003）「算数・数学科における技能と考え方を統合する
　場の構成に関する実証的研究」.『広島大学 学部・附属学校共同研究紀要』第32巻, 171-
　180.

小笠原道雄編（2009）『進化する子ども学』．福村出版．

国立教育研究所編（1996）『小・中学生の算数・数学，理科の成績――第3回国際数学・理科教育調査国内中間報告書』．東洋館出版社．

高久清吉（1968）『教授学――教科教育学の構造』．協同出版．

中原忠男編（2000）『算数・数学科　重要用語300の基礎知識』．明治図書出版．

ビットマン，E. Ch.（2000）「算数・数学教育を生命論的に過程として発展させる」．『日本数学教育学会誌』第82巻第12号，30-42．

文部科学省（2018）『小学校学習指導要領解説（平成29年告示）算数編』．日本文教出版．

Skemp, R. R. (1976) Relational Understanding and Instrumental Understanding. *Mathematics Teaching*, 77, 20-26.

第4章
社会福祉学と子ども

高橋味央

1. 社会福祉学とは何か

(1) 科学としての「社会福祉」

　「福祉」という言葉の定義については諸説あるが，多くの場合それは「welfare」の訳語であるとされ，「well＝よく」と「fare＝やっていく」を合わせて，「くらしむきのよさ」という意味で解釈されている。また「幸福」や「豊かさ」を表す言葉として用いられることもあり，抽象的ではあるものの，人々の幸せな生活の営みを指す概念として，広く一般に普及しているといえるだろう。では，「社会福祉」という言葉はどのような意味をもって用いられているのだろうか。これもまた多義的であり定説はないとされるが，古くから多くの論者によってその概念の体系化が試みられてきた。本章のテーマは，社会福祉学と子どもの関連について論じることであるが，まずは社会福祉学の学問的特徴を示すためにも，概念の全体像を概観してみたい。

　社会福祉の系譜をたどれば，その源流は生活に困窮している人々への慈善救済事業であったといえる。明治時代には恤救規則のもとで「無告の窮民」への救済が行われ，その後は救護法の制定によって，対象とする範囲や支援内容が拡充されてきた。一方，日本で「社会福祉」という概念が公的に用いられるようになったのは，第二次世界大戦後のことであるといわれている。1946年に制定された日本国憲法の第25条にて，生存権の保障に関する活動の総体として用いられたのがその成り立ちであり，戦後の新概念として打ち立てられたその概念には，基本的人権の尊重をはじめとした，民主主義に基づく高い理念が込められている（加藤, 2011: 2）。

　1940年代にはいわゆる福祉三法を根拠として，生活困窮者，子ども，障害者への施策が展開され，1960年代にはさらに3つの法律を加えた福祉六法体制が確立し，高齢者やひとり親家庭へと支援の裾野が広げられてきた。また，資本主義や産業化の進展に伴う社会構造の変化の中で，社会福祉は"社会的弱者"という限られた一部の人々の問題を扱うものから，労働者階級一般の人々が抱える問題にかかわるものへと変化してきたともいわれている。このように，社会福祉が対象とする人や問題の射程は，時局の影響を受けながら徐々に広がりを見せるとともに，対象とする問題も質的な変容を遂げてきたといえるだろう。

　一方，科学としての「社会福祉」とは，どのように捉えられているのだろうか。たとえば，社会福祉学における研究や実践の前提となっているものに，「目的概念」と「実体概念」という枠組みがある。著名な社会福祉学者の1人である一番ヶ瀬康子は，その著書『現代社会福祉論』（1971年）の中で，この2つの概念について次のように説明している。「目的概念」とは，社会福祉を人々の幸福や生活の到達すべき目標として捉えるものであり，理想的なあり方や思想を表す，観念的・形而上的な概念である。これは，冒頭に述べた「福祉」のイメージに近いものであり，「理念型」の社会福祉と呼ばれることもある。それに対して「実体概念」とは，社会福祉を日常生活における欲求充足の保障のための社会的制度とそれに基づく行為であるとする捉え方である。そこには，社会政策やサービスといった社会資源と問題解決のための援助技術やその実践体系が含まれており，社会的実体を対象とした，社会科学的な概念である。

　一番ヶ瀬（1971）のように「実体概念」こそが科学としての社会福祉であるとする論者もいれば，竹中勝男（1950）のように「目的概念」を広義の社会福祉として規定する論者もいる。また，「実体概念」の中に広義と狭義の意味を見出したり，政策的研究と実践的研究に分類して論じられたりするなど，長きにわたりさまざまな議論が展開されてきた。今日ではそれらを明確に区別するというよりも，総体として捉えることの重要性が指摘されており，そうした概念規定が社会福祉学者の間ですでに共通認識となりつつある。すなわち，学問や科学としての「社会福祉」とは，人々の幸せな暮らしを目指す漠然とした理

念や目標のみでなく，それを実現するための具体的な制度や実践を含む，包括的な概念であるといえるだろう。

(2) 社会福祉の固有の視点とその専門性

　本項では社会福祉の特徴や独自の専門性について概括してみたい。手がかりとなるのは，社会福祉学の第一人者であり，その体系化の礎を築いたとされる，岡村重夫の理論である。岡村はその著書『社会福祉原論』（1983年）の中で，社会福祉の固有の視点とそこから導き出される社会福祉の原理を提唱しており，それらは通称「岡村理論」と呼ばれ，現代においても社会福祉学の基底をなすものとして捉えられている。紙幅の関係でその理論を網羅的に検討することはできないが，その一端を見てみよう。

　岡村は，社会福祉に他の施策とは異なる固有の視点があるとすれば，それは個人や集団が抱える「社会生活上の困難」を取り扱う点にあるとした。人は生きていく中でいろいろな欲求を抱く。たとえばそれは，食欲や睡眠欲など本能的に生じる生理的欲求もあれば，承認されたい，理想の自己に近づきたいといった二次的に生じる心理的欲求もあり，実にさまざまであるといえる。岡村はそれらを「基本的欲求」として踏まえつつ，そうした欲求を現実的に充たすためには社会制度を介する必要があるとして，基本的欲求と社会制度との対応関係を見出し，「社会生活の基本的要求」という概念を構成した。この「社会生活の基本的要求」には，経済的安定，職業的安定，医療の機会，家族の安定，教育の機会，社会的協同，文化・娯楽の機会という7項目が含まれ，個人が健やかな社会生活を送るためには，このすべてが充足される必要があると主張した。たとえば，貧困によって食欲という生理的欲求が充たされない場合には，社会保障を利用して経済的安定を図る必要があり，疾病疾患を患いながらも早く健康になって仕事で活躍したいという欲求を抱く場合には，医療・保健制度や就労制度を利用する必要がある。このとき，社会福祉は生理的欲求や心理的欲求を加味しつつも，それ自体に焦点を当てるのではなく，その欲求と制度との関係性に焦点を当てていくということである（岡村，1983: 68-92）。

　こうした社会福祉の対象領域や固有の視点を踏まえて，「社会福祉学」とは

どのような学問として規定されているのかについても触れておきたい。社会福祉学者の古川孝順 (2011) によれば，社会福祉学とは，人々が抱えている多様な生活問題の解明とその援助のために，隣接する科学の知識と技術をどのように組み合わせて援助活動として成形したらよいのか，またどのように援助を提供すればその目的を効果的・効率的に達成できるのかを検討する科学であるという。社会学，心理学，経済学，法学，教育学など多彩な学問領域の諸理論を援用しながら，福祉的ニーズをもつ人々への援助方法やその体系を構築していくところに社会福祉学の特徴があると理解することができる。まとめると，社会福祉学は人々を「生活者」かつ「社会関係的存在」として捉え，個人と制度とを取り結ぶ社会関係の困難を対象にその改善や調整を図っていく，そうしたところに独自の専門性をもつ学問であるといえる。さらにそれは，隣接の学問領域の諸理論を応用しつつ，具体的な課題解決の実践方法を追求する，問題解決型科学の1つであると捉えることができるだろう。

(3)　ソーシャルワークの原理と方法

　ここまでは「社会福祉学」の学問的特徴を概括してきたが，その実践方法についてさらに明確にするため，ソーシャルワークという概念についても言及しておきたい。ソーシャルワークとは，社会福祉における実践方法の体系であり，社会福祉制度において展開される専門的活動の総体であるともいわれている (岩間, 2007)。国際ソーシャルワーク連盟および国際ソーシャルワーク学校連盟総会において採択されたソーシャルワークのグローバル定義 (2014年) では，「ソーシャルワークは，社会変革と社会開発，社会的結束，および人々のエンパワメントと解放を促進する，実践に基づいた専門職であり学問である」と規定され (表1)，その実践の中核にある原理は，社会正義，人権，集団的責任，多様性尊重であるとされている。これに基づき，日本ソーシャルワーカー連盟の「ソーシャルワーカーの倫理綱領」や日本社会福祉士会の「社会福祉士の行動規範」が策定されていることから，グローバル定義はソーシャルワークのあり方やその援助指針の最も拠り所とするものになっているといえる。

　ソーシャルワークにおける援助方法の体系化に貢献し，ケースワークの母

表1　ソーシャルワークのグローバル定義（2014年）日本語訳

ソーシャルワークは，社会変革と社会開発，社会的結束，および人々のエンパワメントと解放を促進する，実践に基づいた専門職であり学問である。社会正義，人権，集団的責任，および多様性尊重の諸原理は，ソーシャルワークの中核をなす。ソーシャルワークの理論，社会科学，人文学，および地域・民族固有の知を基盤として，ソーシャルワークは，生活課題に取り組みウェルビーイングを高めるよう，人々やさまざまな構造に働きかける。この定義は，各国および世界の各地域で展開してもよい。

出所：社会福祉専門職団体協議会（2014）

とも称されるメアリー・リッチモンド（Richmond, M. E., 1861-1928）は，著書『ソーシャル・ケース・ワークとは何か』（原書刊行1922年）の中で，「ソーシャル・ケース・ワークは人間と社会環境との間を個別に，意識的に調整することを通してパーソナリティを発達させる諸過程からなり立っている」（リッチモンド, 1991: 57）と述べ，「人」と「環境」に焦点を当てる必要性を提示した。さらに，1970年代にはアメリカの心理学者であるジャーメイン（Germain, C. B., 1916-1995）とギッターマン（Gitterman, A., 1938- ）が生態学とシステム理論を基盤に「ライフモデル」を提唱し，ソーシャルワークは個人と環境との相互作用に焦点を当てるとともに，その接点に介入するということが援助の基底をなすものとなっていった。不登校の事例をあげてみると，ソーシャルワーカーは子ども本人に働きかけると同時に，学校の友だちや教師，家族や地域社会などその子どもを取り巻くさまざまな人たちにも働きかける。「環境」とはこの後者の存在を指し，個人と環境の間で生じる相互作用に焦点を当て，社会資源を活用しながらその関係性の調整を行っていく，それがソーシャルワーカーの専門性である。

　では実際にどのように援助を行っていくのか。困っている人々を助けるというイメージが強いソーシャルワークは，ボランティアや慈善活動のように解釈される傾向にあるが，実のところは科学的で体系化された援助技術を有している。それはまず，生活問題を抱える人々（クライエント）のニーズを把握し（インテーク），諸理論を活用してその問題がなぜ生じているのかを見立てる（アセスメント），目標を設定して援助内容の計画を立てる（プランニング），実際に援助を行う（インターベンション），援助活動を振り返る（モニタリング）というこ

表2　バイステックの7原則

原則1	個別化の原則	クライエントが抱える困難や問題は「個別」のものであり，その「個別性」を理解すること
原則2	意図的な感情表出の原則	クライエントの感情表出を大切にし，表出できるよう意図的にかかわること
原則3	統制された情緒的関与の原則	援助者は自分の感情を自覚し，コントロールすること
原則4	受容の原則	クライエントのありのままを受け入れること
原則5	非審判的態度の原則	クライエントを責めたり，非難したりしないこと。援助者の価値観によって審判しないこと
原則6	自己決定の原則	クライエントが自分で選択・判断することを手助けし，その決定を尊重すること
原則7	秘密保持の原則	クライエントが専門的援助関係の中で打ち明ける秘密の情報を援助者が保全すること

出所：バイステック（2006）をもとに筆者作成

とを繰り返していく。援助活動がうまくいったかどうかについて効果測定を行い（エバリュエーション），ニーズが充たされたと判断した場合に終結を迎える（ターミネーション）。ソーシャルワーカーとは，このように一連の順序と法則をもって援助活動を行う専門職なのである。

　そうしたソーシャルワーカーが重んじる姿勢や価値倫理についても触れておこう。最も有名なものに，アメリカの社会福祉学者であるフェリックス・P・バイステック（Biesteck, F. P., 1912-1994）が提唱したバイステックの7原則というものがある。これは，ソーシャルワーカーのバイブルと称されるほど，援助における価値倫理の大原則となっている（表2）。この原則からもわかるように，ソーシャルワーカーは援助する側・される側というパターナリズムに陥らないよう細心の注意を払いながら，クライエントの自己決定を尊重し，それが実現するようサポートしていく。その自己決定がクライエントの利益と合致しないと思われるとき，ソーシャルワーカーは倫理的ジレンマを抱くが，その葛藤を自己覚知しながら，その中でもクライエントにとって最善となる策を検討していかなければならない。こうした価値倫理は対子どもにおいても同様であり，社会福祉学における子ども観や援助の底流をなすものであるといえるだろう。

2. 社会福祉学から見た子ども

(1) 子ども家庭福祉の変遷

　社会福祉学では，高齢者福祉，障害者福祉，医療福祉など複数の領域が確立されているが，そのうち子どもを対象とした分野は一般的に「子ども家庭福祉」と呼ばれている。子ども家庭福祉とは，社会福祉学やソーシャルワークを基盤としながら，子どもとその家庭が抱える課題に対して，法律や制度，福祉サービスなどの社会資源を用いてアプローチしていく，その方策と実践を体系化した概念であり学問領域である。まずは社会福祉学が子どもをどのように捉えてどのような援助を展開してきたのか，子ども家庭福祉の関連法規と制度の変遷を手がかりに探索してみよう。

　子ども家庭福祉の淵源をたどれば，それは聖徳太子の時代に行われた，仏教的思想に基づく救済や慈善活動にまでさかのぼる。貧困の者，病人，孤児を収容していたとされる悲田院をはじめとした四箇院の創設などがあげられ，その後も民間の慈善事業としてその活動が継承されていったとされている。一方，明治時代になると「恤救規則」と「感化法」という，子どもを対象に含む2つの法制度が成立した。前者は，先述のとおり日本で初めて公的な救貧制度として定められたものであり，その対象者の中に，扶養する者がいない13歳以下の子どもが含まれた。当時は，社会構造によって貧困が生じるという認識が乏しく，個人の怠惰によるものであると解釈されていたことから，労働者よりも貧しい生活条件を強いる劣等処遇が基本であった。とりわけ子どもへの救済内容は乏しく，下米代の支給（品質の低い米代換算の現金給付）による在宅保護という限定的なものにとどまっていた。後者の「感化法」は1900年に制定され，非行行為をなす8歳以上～16歳未満の子どもを対象に，教化を目的とした感化院での施設保護が実施された。

　1929年には，米騒動や関東大震災，世界恐慌のあおりを受けて貧困に陥る者が増加し，相互扶助を前提とする恤救規則では対応が困難になったことから，それに代わるものとして救護法が成立した。子どもの対象年齢は以前と変

わらず13歳以下であったが，救護施設として孤児院が創設され，市町村に費用負担の責任を認めるといった前進が見られた。1933年には日本で初めて児童虐待防止法が成立し，保護者が14歳未満の子どもに曲芸や物乞いをさせることに対して，訓戒，在宅指導，親族委託，施設保護などの保護措置がとられるようになった。1937年には母子保健法が制定され，13歳以下の子どもを養育している母子家庭への在宅扶助が行われた。

　第二次世界大戦後には，戦争孤児の存在と子どもたちの劣悪な生活環境が問題視され，国がその生活と発達を保障することが急務となったことで，1947年に日本国憲法の精神に則って児童福祉法が制定された。当初は戦争孤児の保護事業が優先事項となったものの，1951年の「児童憲章」の制定も相まって，徐々にその支援内容は限定的で最低限度の生活を保障するものから，すべての子どもの健全な育成と福祉の増進，その権利を保障するものへと転換が図られていった。児童福祉法は，現在に至るまで幾度もの改正を経ながら，多彩な子ども家庭福祉サービスの根拠法となっている。以降，1960年代までに確立された児童福祉六法体制のもとで，ひとり親家庭や障害をもつ子どもの養育者への手当（児童扶養手当法および特別児童扶養手当法），ひとり親家庭や寡婦の生活安定のための支援（母子及び父子並びに寡婦福祉法），母親と乳幼児に対する保健指導や医療（母子保健法），子どもを養育している保護者への手当（児童手当法）など，子どもと家庭にかかわる幅広い制度・施策が展開されていった。

　1990年代になると，いわゆる「1.57ショック」[1]を機に少子化対策が本格化するとともに，家庭をも射程に含んだ支援が進められていくことになる。さらに，この頃から日本では児童虐待が社会問題として取り沙汰されるようになり，2000年には児童虐待防止法が成立し，虐待の種別が規定されるとともに，通告義務や国と地方自治体の責務が明文化された。2004年の児童福祉法改正では，「要保護児童対策地域協議会」が法定化され，多彩な機関と職種を構成員に含む要保護児童の支援ネットワークが形成されていくとともに，市町村がその第一義的な役割を担うことが定められた。

　以上のように，貧困層の子ども，孤児，非行少年という限られた一部の子どものみを対象とした，最低限の生活保障から始まった社会福祉における子どもの支援は，児童福祉法や児童憲章の制定を起点にすべての子どもの福祉の増進

を志向するものへと発展し，さらには家庭を支援対象に含みながら健やかな子どもの育ちを支えていく，そのための方策と支援を行うものへと発展を遂げてきたといえるだろう。

(2) 子ども家庭福祉における子ども観の特徴

① 子ども家庭福祉の理念——「ウェルビーイング」と「自立」

　続いて，社会福祉学における子ども観にも反映されているであろう，子ども家庭福祉の理念について見てみよう。それを最も表しているのは，児童福祉法の第一章総則であるといわれている（表3）。まず第1条では，すべての子どもは，健全で適切な養育環境で育まれる権利を有していること，そして健やかな成長・発達と自立のための取り組みが保障される権利を有していることが明文化されている。第2条ではすべての国民が子どもの最善の利益の優先と健やかな育成を心がけなければならないことが明記されるとともに，保護者，国，地方公共団体にその責任を課している。つまり，子ども家庭福祉の根幹をなすのは子どもの権利の保障であり，子どもたちの健やかな育成が社会全体の責任であると捉えられているのである。

表3　児童福祉法　第一章　総則

児童福祉法
第一章　総則
第一条　全て児童は，児童の権利に関する条約の精神にのつとり，適切に養育されること，その生活を保障されること，愛され，保護されること，その心身の健やかな成長及び発達並びにその自立が図られることその他の福祉を等しく保障される権利を有する。
第二条　全て国民は，児童が良好な環境において生まれ，かつ，社会のあらゆる分野において，児童の年齢及び発達の程度に応じて，その意見が尊重され，その最善の利益が優先して考慮され，心身ともに健やかに育成されるよう努めなければならない。
　②児童の保護者は，児童を心身ともに健やかに育成することについて第一義的責任を負う。
　③国及び地方公共団体は，児童の保護者とともに，児童を心身ともに健やかに育成する責任を負う。
第三条　前二条に規定するところは，児童の福祉を保障するための原理であり，この原理は，すべて児童に関する法令の施行にあたって，常に尊重されなければならない。

　子ども家庭福祉の理念が，生活保障の意味合いが強い「ウェルフェア」から，自己実現のための支援を志向する「ウェルビーイング」へと転換したのは，1997年の児童福祉法改正以降であるといわれている。この頃から，支援の目標は「保護」ではなく「自立支援」にあると考えられるようになった。「自立」といえば，一般的には経済的な意味を指し，援助を利用しない状態であると捉えられがちであるが，子ども家庭福祉において特徴的なのは，社会的自立や精神的自立が重視される点にある。たとえば厚生労働省（2007）による「子ども虐待対応の手引き」（厚生労働省雇児総発第0123003号）では，自立とは，すべてを一人でできるようになることではなく，できないことは人に頼ることができるようになることであると書かれており，そのために困ったときに助けてもらえるという体験を蓄積していく必要があるのだと説かれている。また，必要に応じて社会福祉の援助やサービスを利用すること，それを自分自身で決定できること，それが子ども家庭福祉における自立であることが述べられている。社会福祉の分野では，そうした観点から，自立はウェルビーイングを実現するための人間のありようであると捉えられ，それを支えるためにエンパワメントやストレングスに注力していくのだと考えられている（山縣, 2005）。

② 権利保障の観点から見た子ども──「保護」の対象から「権利主体」へ

　子ども家庭福祉の最たる理念が「子どもの最善の利益」であるとして，その捉え方は，1924年に国連総会で採択された「児童の権利に関するジュネーブ宣言」にて「人類は子どもに対して，最善のものを与える義務を負う」と明記されたことに端を発するといわれている。第一次世界大戦で多くの子どもが犠牲になったことへの反省として，1920年代には世界規模で子どもの権利を保障するための議論や宣言が展開されるようになった。日本では，上記の宣言を参考として1951年に「児童憲章」が制定され，そこには①「児童は，人として尊ばれる」，②「児童は，社会の一員として重んぜられる」，③「児童は，よい環境の中で育てられる」という「児童三原則」が掲げられた。さらに，1989年に国連総会で採択され，日本が1994年に批准した「児童の権利に関する条約」では，生存権や教育を受ける権利にとどまらず，意見を表明する権利や表現の自由についての権利が認められるようになり，子どもは「保護」の対象か

ら「権利を行使する主体」へと，その捉え方が大きく変容した。これは，「子ども家庭福祉」という概念の登場にも影響している。従来，社会福祉学における子どもを対象とした分野は「児童福祉」と呼ばれてきたが，「児童」という言葉が従来の救貧事業における児童観を想起させることから，そのイメージと一線を画し，権利を行使する主体という意味合いを含むものとして，「子ども」という用語が選択されるようになった。また，子どもの福祉には健康で文化的な家庭の機能が必要であるという観点から，その家族も支援対象に含み，かつ社会全体でそれをバックアップしていくという認識が広がり，「家庭」という文言が付け加えられるようになった。こうした経緯から，「児童福祉」ではなく「子ども家庭福祉」という言葉が，学界で広く用いられるようになっていったといわれている（柏女，2017）。

　社会福祉学における子ども像は権利保障の観点を大きく反映しており，子どもは健やかな育ちやそのための環境を与えられる存在であると同時に，基本的人権を有する1人の人間であり，大人同様に自己決定が尊重される存在であると捉えられる。そのために社会福祉は，子どものアドボカシーを目指して本人の支援ならびに環境調整を行っていくのである。

3.　子ども家庭福祉の実践

　本節では，これまで見てきた子ども家庭福祉の理念や子ども観をどのように具現化してソーシャルワークの援助を展開していくのかについて，事例を通して解説していく。子ども家庭福祉分野には，児童相談所や社会的養護関係の施設など多様な仕事の拠点があるが，ここでは学校で活動するスクールソーシャルワーカーの実践を見てみることにする。なお，以下に示す事例は，実際の相談内容を参考に筆者が作成したものである。参考にした事例の個人が特定されないよう仮名を使用し，年齢や性別，家族構成，内容等を大幅に変更した。

(1) 事例の概要

　不登校の状態を呈する中学校3年生男子（一男くん）の事例。2学期に突然休みがちになり，登校しても机に伏せていることが多くなった。担任が事情を聴いても「何でもない」と口を閉ざし，欠席はさらに増えていった。担任から相談を受けたスクールソーシャルワーカーは，他の教員からも一男くんとその環境について話を聴くとともに，家庭訪問を行い一男くんから事情を聴くことにした。最初はスクールソーシャルワーカーのことを警戒していた一男くんであったが，好きなサッカーやアニメの話をするうちに徐々に心を開いてくれるようになり，次のことを打ち明けてくれた。

　一男くんの両親は10年前に離婚しており，それ以来，父親・弟との3人暮らしであったが，3年生の夏休みに自分の意思で母親との2人暮らしを始めた。そう決めた背景には，父親との折り合いがあまりよくなかったことや，これまでずっと母親と暮らしたいという思いを抱いてきたことがあるといい，父親も了承してくれているとのことであった。しかし，転居後まもなくして気づいたのは，母親がアルコール依存症であるということであり，深夜に酩酊状態で帰宅しては容態が悪化して救急車で病院に運ばれるということを繰り返していた。一男くんは対応に追われて生活リズムが崩れていき，学校から足が遠のいていったという。それでも一男くんは，母親との暮らしを継続させたいと強く願っていた。

(2) この事例における「子どもの最善の利益」とは何か

　この事例の場合，子ども家庭福祉の理念や子ども観に基づくとどのような支援ができるだろうか。たとえば次の点を考えてほしい。①一男くんの「最善の利益」とは何か，②一男くんのことを「権利を行使する主体」として捉えるとすればどのような支援が考えられるのか，③安全な生活環境と教育を受ける権利を保障しつつ，一男くんの自己決定を尊重するにはどうしたらよいのか。

　それでは，援助の展開について見てみよう。まず，学校から市の子ども家庭相談課への連絡によって，一男くんへの支援を検討する会議が開かれた。そこ

では，安定した学校生活を送るために父親との暮らしに戻るほうが望ましいという声や，本人は父親との関係性がうまくいっていないと感じていることから，その生活もまた本人にとっては厳しい環境かもしれないという声があがった。そして，一男くんがなぜそこまでして母親との暮らしを望むのか，一男くんにとってよりよい環境とは何かという観点から話し合いがなされた。その結果，母親との生活が健やかなものになるようバックアップしていこうという方針となった。

　スクールソーシャルワーカーは，児童相談所や市の子ども家庭相談課，主任児童委員，病院，生活保護ケースワーカーなどとのネットワークを形成しつつ，制度や福祉サービス等の社会資源を活用して，母親の医療面・経済面・生活面への支援を行っていった。母親の話からは，治療しながら生活を立て直し，一男くんを養育していきたいという強い意思があることや，祖母，父親，友人から助けを得られる関係であることがわかり，そうしたインフォーマルな助けも得ながら，生活が安定するように働きかけていった。学校では，一男くんが再び安心安全な学校生活を送ることができるように，担任をはじめとする教員たちが，遅れていた学習面のサポートや個別の進路相談を行うなどして，一男くんとの関係性を再構築していった。スクールソーシャルワーカーは，このようにして社会資源を活用しながら一男くんを取り巻く環境の調整を行い，一男くんが望んだ母親との暮らしが，安心安全なものになるように働きかけていった。

　この事例からわかるように，ソーシャルワーカーは，子どもが健全な環境下で養育される権利を有し，そのために保護されるべき存在であるということを念頭に置きつつ，一方で権利を行使する主体であるという認識をあわせもつ必要がある。「保護」と「権利行使の主体」の両立が困難な事例も多く，ソーシャルワーカーは倫理的ジレンマの状態に直面することが多々あるといわれている。しかしながら，そうした迷いや葛藤を抱きながらも，子どもを1人の人間として尊重し，自己決定をできる限り重んじた援助を展開していくことが求められるのである。

　2022年6月の国会では「子ども基本法」が成立し，日本社会において子どもの権利をどのように保障していくのか，その本質があらためて問われる時代と

なった。その背景には，児童虐待や子どもの貧困，いじめや不登校などといった，子どもを取り巻く課題の深刻化があげられる。山積している課題に対して，社会福祉学は「子どもの最善の利益」とは何かを模索しつつ，それをいかにして保障していくのかについて理論的・実践的に解明していくとともに，そのために率先して社会変革を目指していくことが求められているといえるだろう。

◆学習課題

　　子どもの権利を守るために，また，「子どもの最善の利益」を追求するために必要なことは何か。本章の説明にある，社会福祉の視点から考えてみよう。

注記

1　「1.57ショック」とは，1989年の合計特殊出生率が過去最低の1.57となり，1966年の「ひのえうま」という特殊要因による最低値を下回ったことで衝撃を与えたこと。

引用・参考文献

一番ヶ瀬康子（1971）『現代社会福祉論』．時潮社．

岩間伸之（2007）「ソーシャルワーク」．山縣文治・柏女霊峰編『社会福祉用語辞典 第6版』．ミネルヴァ書房，238．

岡村重夫（1983）『社会福祉原論』．全国社会福祉協議会．

柏女霊峰（2017）「子ども家庭福祉学とは何か」．淑徳大学社会福祉研究所編『総合福祉研究』No.21，29-42．

加藤博史（2011）『福祉とは何だろう』．ミネルヴァ書房．

厚生労働省（2007）「子ども虐待対応の手引き　第1章 子ども虐待の援助に関する基本事項　5. 子どもの自立支援とは何か」．https://www.mhlw.go.jp/bunya/kodomo/dv12/01.html（最終閲覧2022年10月6日）．

竹中勝男（1950）『社会福祉研究』．関書院．

バイステック，F. P.著，尾崎新・福田俊子・原田和幸訳（2006）『ケースワークの原則——援助関係を形成する技法（新訳改訂版）』．誠信書房．

古川孝順（2011）「社会福祉学研究の曲がり角」．岩田正美監修，岩崎晋也編著『社会福祉と

はなにか——理論と展開（リーディングス日本社会福祉1)』．日本図書センター，118-132.

リッチモンド，M. E.著，小松源助訳（1991）『ソーシャル・ケース・ワークとは何か』．中央法規出版.

山縣文治（2005）『児童福祉論』．ミネルヴァ書房.

山縣文治・柏女霊峰編（2007）『社会福祉用語辞典 第6版』．ミネルヴァ書房.

第5章
対人援助学と子ども

山崎　晃・八島美菜子

1. 対人援助学とは何か

(1) 人を援助するということ

　『やさしさとおもいやり』（宮西, 2015）という絵本を読んだことのある読者も多いのではないかと思う。この本は，ティラノサウルスとゴルゴサウルスと赤い実のなる木が主人公の物語である。いつもけんかばかりしていたふたりの恐竜が，食べるものがなくなったときに赤い実のなる木から実を落としてもらったり，命の危険があるときにけんかしていた相手に助けてもらったりするなどの経験をしながら，だんだんと思いやりの気持ち，やさしい気持ちを抱くようになってくる。信頼関係の構築の過程とその後の行動を通して，思い合うことの温かさ，大切さを描いた感動の物語の絵本である。さまざまな経験・体験を通して温かさや思いやりの大切さが育ってくるように思われる。

①対人援助学

　対人援助という言葉は，ソーシャルワークという呼び名に比べて新しいが，近年よく使われるようになってきた。ソーシャルワークの専門職化が進んでいることもあり，対人援助職の人気も高まってきている。

　対人援助は，援助を必要とする人（クライエント）の幸福と福祉を促進することと定義される。クライエント一人ひとりの基本的なニーズを充足させるとともに，教育，健康，幸福，生活の質を最大化し，促進することが対人援助の役割である。対人援助の特徴は，学際的な知識を基礎としてクライエントのニーズに応えるという目的を達成するために，ニーズの解決や問題の改善を目

指すだけでなく，予防にも焦点を当て，クライエントの生活の質全般を向上させることに尽力することである。対人援助に関連する知識・技術は学際的であり，多様な研究分野（たとえば，心理学，社会学，福祉学，看護学，ソーシャルワーク，組織行動学，法律学，教育学，人類学など）の研究や実践の成果を活用している。そのため，知識や技術を，クライエントの一般的な生活の質の向上に向けさせるためにどのように活用するかが課題としてある。

　対人援助学が心理学，福祉学，看護学などのさまざまな学問領域を背景としていることから，支援者はそれぞれの領域を基礎としてクライエントにかかわることになる。そのため，支援者の基礎とする背景が異なれば，支援に対する考え方や方法，評価などの捉え方などが異なることも多い。ときには，意見が対立することによって支援の一貫性や系統性が損なわれる可能性もある。クライエントを中心に援助を考える場合は，領域固有の知識・スキル・手法にこだわらず，多くの選択肢をもち，その中から最適と判断されるものを選択することができるように準備をすることが大切である。そのような姿勢は，対人援助に携わる専門家の基礎とする領域に限定された特別な意識をもつこととは対極にあり，援助の幅も援助の適切さも格段によいものにすることにもつながる。異なる専門領域の援助者や研究者と積極的な情報交換やコミュニケーションをとることが，援助技術を向上させ，クライエントの生活の質の向上につながる。

② 対人援助学の基礎となる領域

　対人援助の基礎となる学問領域としては，教育学，特別支援教育，心理学，看護学・精神医学・保健医療・ソーシャルワークを含む社会福祉学などがある。心理学領域には，クライエント中心療法，精神分析，認知行動療法，家族療法，グループ・アプローチ，コミュニティ・アプローチなどのさまざまな心理療法が含まれる。

　もちろん対人援助は，心理支援に限定されるものではない。支援とは何か，教育とは何か，など基礎となる考え方や，支援を必要とする人と支援者はどのような関係性をもつのか，などについては教育学，精神医学，福祉学を中心に学ぶことになる。また，支援に関しては生活支援や食事などとのかかわりも多く，栄養学，建築学，被服学，工学など，心地よさや快適さを実体として整え

る基礎領域がある。

　対人援助場面では，支援者がそれぞれ学んだ学問に裏打ちされた支援を行う。その際，領域間で事象の捉え方や支援を必要とする人についての理解の仕方などが異なることもある。それは，気づかなかったことに目を向け，新たな発見につながり，新たな展開につながる（Murdoch, Gregory, & Eggleton, 2015）。援助・支援にかかわる領域をすべて学ぶことができればよいが，それは不可能に近い。したがって，対人援助職に就いた後，自ら積極的に学習を継続することが必要である。支援の根拠となる理論や方法・スキルは日々進化しているといってよい。最適な支援は何か，どのようにすれば支援を求めている人の安寧や幸福につながるのか常に考えながら，日々精進することが大切である。

③クライエントと組織に関する対人援助専門家の役割

　対人援助の専門家としてのクライエントと組織に対するかかわりを図1に示した。対人援助職の役割は，組織の構成や方針，さまざまな制約など組織の特性と，クライエントのニーズや置かれている状況，性格特性や帰属の仕方の特徴など一人ひとりを把握したうえで，その両者をつなぐ「センサー」，すなわち両方の情報を感知し，精通し，対応する感知装置として機能することである

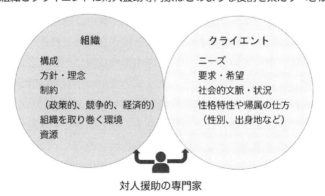

組織とクライエントに対人援助専門家はどのような役割を果たすべきか

図1　対人援助専門家の役割（一部改変）

出所：Barnetz & Vardi（2015）の図を一部改変した

(Barnetz & Vardi, 2015)。センサーとしての役割は，組織とクライエントのそれぞれに何があり，それがクライエントにどのように影響するかを確認し，記録することである。支援者は支援にかかわるさまざまな状況の変化・変容などに対して敏感でなくてはならない。

　組織とクライエントとの間における対人援助の専門家の役割は，次の5段階を循環しながら螺旋状に進めることである。第一段階（識別）：組織のポリシーや運営方針と，クライエントの要求やニーズとの間にギャップが存在することを認識する。第二段階（分析）：組織のポリシーとクライエントのニーズや特性とのギャップを分析して理解する。第三段階（計画）：最初の2つの段階で特定され，分析されたギャップを埋めるプログラムを立案・計画する。第四段階（実装）：計画を実行し，組織的および対人的スキルを実践する。第五段階（評価）：あらかじめ決められた明確な基準に従い終了か継続かが決められる。

④ 援助行動モデル

　困っている人や助けを求めている人がいたときに，誰でも，いつでも，どこででも，誰に対しても，援助の手を差し伸べることができるのだろうか。どのようなメカニズムで援助が行われるかに関する基礎となる研究を紹介する。援助行動はどのようにして起こるか、そのメカニズムを紹介した最も有名な理論はアイゼンバーグ（Eisenberg, 1986）による向社会的行動モデル（図2）である。

　このモデルは大きく3つの段階に分けられる。第一段階は「他者への要求への注意」，第二段階は「動機づけ」，第三段階は「意図と行動のつながり」である。第一段階は，困っている人についての情報や状況について認識し，どのように捉え解釈しているかに影響する。クライエントの生育歴，背景，認知的発達や特性から構成されている。第二段階は，困っている人の要求を知り，どのような援助ができるか、自分にその援助をする能力があるかを見極め，そのうえで，個人の目標の階層化がなされ，支援の意図を確認し，できるかできないかを判断する。動機づけのリソースとして，自尊感情や自信，個人の価値や目標などの個人内の要因と，援助することによる利益と損失の見積もり，準拠集団の期待など評価的側面に関連する要因の2つがある。第三段階は，困っている人の状況や要求が時間経過とともに変化していないかの確認が行われ，変化

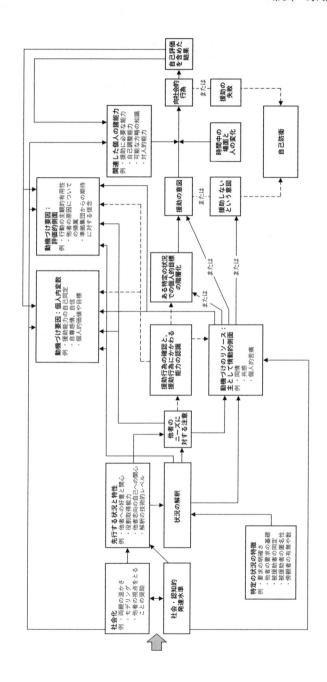

図2　Eisenbergの向社会的行動モデル

出所：Eisenberg（1986）を筆者訳

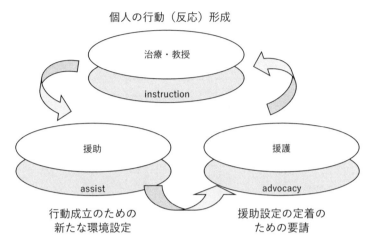

個人の行動（反応）形成

治療・教授

instruction

援助

assist

援護

advocacy

行動成立のための
新たな環境設定

援助設定の定着の
ための要請

図3　3つの機能からなる対人援助

出所：望月（2007: 7）をもとに作成

がない場合，再度自ら援助することができるか確認され，援助・向社会的行動
が実行される。

　望月昭は，援助にかかわる支援者は，従来の単に支援を必要とする人に向き
合って行う「教授」だけではなく，「援助」「援護」が不可欠であるという。す
なわち，支援者には，「当事者が『やりたい』という思いで維持される行動の
選択肢を拡大する」ために必要な対人援助者の3つの仕事として，図3に示さ
れているように，援助から援護，援護から教授，そしてまた援助への過程の連
環的発展・螺旋的発展が不可欠であるとする（望月, 2007）。

　対人援助を行う際の基本として，①支援者が与えるGivenではなく，クライ
エントが獲得するGet，②負の強化ではなく，正の強化を行う原則，③クライ
エントが自己決定することができるような社会的関係を構築することをあげて
いる。とりわけ，「GivenでなくGet」は，クライエントが自発的に行動できる
ように援助・支援することを基本とする姿勢が重要であることを示している。

⑤ ヒトはなぜ利他的なのか
　次に，困っている人を援助するという行動は，生まれつきのものなのか，そ

れとも後天的にいろいろな体験を通して，学習し，獲得したものであるのかについて考えてみる。結論を先にいえば，生まれつきに備わっている，である。トマセロ（Tomasello, 2013）は，ヒトは生まれながら，互いに協力し，情報や課題，ゴールを共有する協働行為を行えるよう駆動されており，生まれながらに利他的行動が可能であると述べている。その証拠として，生後14か月および18か月の幼児が，大人がちょっとした問題に遭遇していると，幼児は大人の問題解決を援助する。たとえば，手が届かないものを取ってあげたり，大人の手がふさがっているときに戸棚の扉を開けてあげたり，ものを取ってあげたりする。しかし，大人がわざと洗濯ばさみなどを放り投げたり，他のことをしようとして戸棚にぶつかったりしたときには，子どもは何もしなかったという。このような結果は，ヒトが利他的に生まれ，生まれながらにして互いに協力し，他者との相互作用を通して，情報や課題，目標を共有し，協働行為を行えるよう動機づけられていることを示している。

　榎本美香は，他者を思いやる次のような例をあげている。2年の見習い期間の後，1年かけて造り上げた社殿が燃やされる道祖神祭りのクライマックスシーンでリーダーの男性が，「俺，大満足してんだ。この形じゃないよ。みんなが一人一人違うこと精確にやってくれた。厳しい注文もしたよ。それ全部やってくれた」と，述べたことを次のように解釈している。「およそ3年をかけた協働活動にはもちろん利他的な振る舞いも相利的な行為も組み込まれているであろう。しかし，その成果は，自分のためのものでも他者のためのものでもない。協働活動は共有体験となり，"俺たちの"相互連帯感，絆，友情という得も言われぬ様態を作り上げる。自分が他者を思うと同様に他者も自分を思ってくれているという世界に巻き込まれていくのである。自分だけが楽しくても，他者だけが喜んでもいけないのである」（榎本, 2016: 430）。これは支援される者と支援する者が等しく幸せになることの意味を示している。

　対人援助においても，援助される側と援助する側が，援助するという場における相互作用，協力，コミュニケーションなどを通して，相互に喜び合えるという素晴らしい恩恵を味わい，それが人々の幸せ・満足・充実感につながるのではないだろうか。それこそが，対人援助という専門職として生きることにつながる。

(2) 学びと対人援助

① 学びの双方向性

　発達支援には，すでに述べたようにクライエントの発達の状況，周りの状況，支援者の立場・職域など多様な要因がかかわる。支援を受ける人の側から考えると，支援によってどのような変化が見られるのか，何を学ぶのかなどは支援の意味・意義を明確化するために必要である。それにヒントを与えてくれるものとして，次のような考え方がある。佐藤学は「フーコーが創作しモースが再発見した『学びの身体技法』というパースペクティブは，前述のように，学校において学びを蘇生する具体的な糸口を与えてくれる。と同時に，モノや事柄との生きた関わりをとり結び人びとと憩い交わり育ちあう関わりを学びの実践において構成する実践は，これまでの『教育』という概念を再定義する道をひらくことにもなるだろう」という (佐藤, 1997: 22)。

　さらに「『教育』という言葉は，子どもの『無限の可能性』を『引き出す』ことを意味している，と教育学書には説明されていることに関連して，『引き出す』という行為は，あまりに一方的であり，教える側の傲慢をもたらしはしないだろうか，教育における『無限の可能性』は，子どもの学びがその学びを規定している状況（環境との関係）によって『無限』のヴァリエーションを示す『可能性』があるというふうに理解すべきだろう」と主張する (佐藤, 1997: 22-23)。この主張は，支援者とクライエントの立場についてどうあるべきかを示唆したものであり，対人援助にかかわる者として常に心にとどめておくべきことである。

　これまで大人や支援者が，子どもや支援を必要とする人々の「能力を引き出す」という一方的な関係に傾きかけていた状況から，子どもや支援される人々と大人や支援をする人とが双方向のやり取りができる関係を築き，そこに関与するすべての人が自らを育てていけるような新しい「支援」の概念を考えていくことも重要である。

　ICF（国際生活機能分類：International Classification of Functioning, Disability and Health）が，心身機能と身体構造，参加と活動に関する「第1部:生活機能障害」と，環境因子，個人因子に関する「第2部:背景因子」から構成する考え，す

なわち，個人の特性および個人を取り巻くさまざまな要因を考慮することも大切である。

　学びに関して，『状況に埋め込まれた学習——正統的周辺参加』においてレイヴとウェンガーは，分析の焦点を完全に教授・教える側から学習・学ぶ者に移し，どのような社会的かかわり合いによって学習が生起する適切な文脈を提供するかを考えることの重要性を論じている。それによれば，「学習というのは，正統的周辺参加（Legitimate Peripheral Participation: LPP）と名づけられた類の参加の枠組と関連した社会的実践の特別なタイプである」とする（レイヴ＆ウェンガー, 1993）。同書の序文においてハンクス（Hanks, F. W.）は，「レイヴとウェンガーの正統的周辺参加理論において，学習はいわば参加という枠組で生じる過程であり，共同参加者の間での異なった見え方の違いによって学習が媒介されるということであり，『学ぶ』のは共同体に参加し，学習の流れ（context）に参加している人である」と述べている。このような考え方を通して，支援の場，支援にかかわる人々の多くの営みを共同体とするならば，対象となっている人，その周りにいる支援者を含む関係者がそこに参加することが共同体を変化させ，そこに関係する人々自身の変化が共同体にも変化を生むことにつながる。支援を必要とする人々や支援者にかかわる人々の学習や学び，さらに，教育に関する基本的な考え方として，このようなことを心にとどめておくことが大切である（山崎, 2022）。

② 援助を自分ごととして考える

　自分のこととして考えることは，多くの場面で重要であるが，とくに対人援助など支援にかかわる人々には重要である。諏訪正樹と藤井晴行は，客観主義，論理主義，普遍主義という科学の三大原理から距離をとって物事を見ること，考えることが重要であると述べている。対人援助に関連づけるなら，「客観」「論理」「不変」，「主観」「直感」「固有性」「柔軟」の姿勢に基づいて，一人称「わたし」の視点をもつことが大切であることを示唆している。現実に接しているクライエントにかかわる自分自身がどう対応するかを自分の頭で自分事として考えることが大切である。自分にとってその対象との関係が，どのような意味をもつのかを「自分ごととして考える」ことが重要であり，腑に落ち

る感覚が得られた場合に初めて「主体的な学び」が成立する。真の学びとは，腑に落として、身体や生活実体にとって自分なりの意味を見出すことである（諏訪・藤井, 2015）。また，「自分ごととして考える」ということは，自分が行ったことが自分の生活する現実世界の人や物事にどのような影響を与えるかを考えて，行為することをも含む。また，自分がしてもらうと嬉しいことを他者にもするようにし，自分がされると嫌なことは他者にもしないようにすることはいうまでもない。

2. 実践学としての対人援助

(1) 子育て支援の現場から

① 母親たちの不安

　現代日本は少子高齢社会である。かつて子育ては，拡大家族（祖父母・きょうだいを含めた3世代以上の家族）において，多くの大人や子どもがかかわりながら行われていたが，現代の子育ては核家族の中で行われ，親世代の多くは子育てに関する知識や経験のない中で，夫婦中心の子育てを強いられている。さらに，いまだ性別役割分業がなくならず，結果として，「ワンオペ育児」という言葉が生まれ，母親がひとり子育てに孤軍奮闘している現状がある。一方で，「男は仕事，女は家事育児」という考え方は，少しずつ変化しているのも事実である。「男女共同参画社会」が進められ，保育園や病院，子育て支援施設といった場所では，父親が1人で子どもを連れている姿をよく見かけるようになった。

　そうした変化の兆しの中でも，いまだ多くの母親たちは孤育て（孤立した中で母親が行う育児）を強いられ，日々の家事や子育ての中で不安や孤独を感じ，ときに虐待の記事を見ては自分もひとつ間違えば虐待してしまうのではないか，という恐怖にさいなまれているのではないだろうか。

　文部科学省は子育ての悩みや実態を明らかにするべく，0〜18歳の子どもをもつ20〜54歳の父母3421人に対して，子育ての悩みや実態，子育てを通じた地域

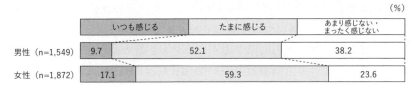

図4　子育てについての悩みや不安の程度（単一回答）／性別

出所：文部科学省（2021: 3）をもとに作成

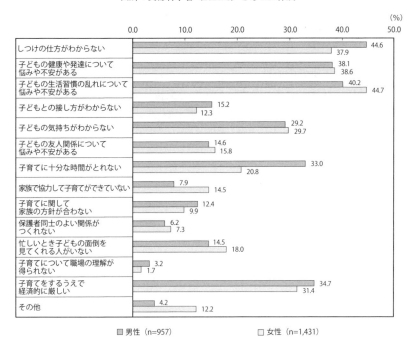

図5　子育てについての悩みや不安の内容（複数回答）／性別

出所：文部科学省（2021: 4）をもとに作成

とのつながり，家庭教育に関する保護者の意識を把握し，社会の変化に対応した家庭教育支援の充実のための企画立案に資することを目的として調査研究を行っている。この中で「子育てについての悩みや不安の程度」を尋ねたところ，子育てに関して不安を感じる女性は8割近くと高く（図4），多くの親がしつけや，子どもの健康や発達，生活習慣の乱れなどについて不安を感じていた（図5）。

　筆者らは大学の子育て支援施設を利用する未就園児の母親に対して，育児不安と子育て支援ニーズについて尋ねる調査研究を実施した。その結果，「子育て中の母親は子育て能力に関する不安よりも心身の疲労感を感じており，これらの得点に比べると孤独感についてはそれほど感じていなかった」（八島・田頭・江坂, 2020）。これは実際に子育て支援施設などを利用している母親への調査であったことから，施設の利用によりママ友や専門家とつながり，ふれあいや話す機会を得たことが，孤独感の低下に寄与していたのかもしれない。

②子育て支援と支援者の心性

　筆者は地域の保健センターと大学の子育て支援施設で，未就園児の母親を対象として「ほめ方講座」というペアレントトレーニングを実施している。「ほめて楽しく子育てをしよう！」をテーマに，子どもと親のグッドサイクルをつくるためのほめるコツを伝えることがメインである。ここではまず，叱りすぎることで起こる悪循環を，ほめることでつくられる親子のWin-Winの良循環に変えていってほしいことを伝える。そして，子どもの行動をよく観察し，「好ましい行動」「好ましくない行動」「危険な行動」に分ける。ここでいう「好ましい行動」とは増やしたい行動であり，当たり前だけど続けてほしい行動である。しかし，われわれは「ほめる」という行為を特別な，素晴らしいことに対するご褒美と捉えがちである。子どもを「ほめる」ときに大事なのは，いかにたくさん本気で，わかりやすくほめるかということである。

　母親の中には「うちの子にほめるところなんて簡単には見つけられない」という人がいる。そういう母親に「最近あなたががんばったことについて書いてみてください」というワークを課すと，なかなか書けない人が多いのである。こういう母親は自分に課すハードルが高く，こんな当たり前のことではがんばっているとは言えない，言いたくない，と考えてしまう人である。自分への評価が厳しい人は，子どもへの評価も厳しくなりがちで，「うちの子にほめるところが見つけられない」となってしまう。そこで講座では，参加している他の母親たちと「ちょっぴりがんばったこと」を発表してもらい，シェアリングしながら進めていく。他の人がどんなことをがんばっているのか，筆者がコメ

ントを返しながら進めていき，そのがんばりに対して自らちょっとしたご褒美をあげてほしいという思いで，自分にとってどんなことがご褒美になるかについても一緒に聞いている。

　筆者が母親に伝えたいのは，あなたが当たり前と思っていることは，家族の生活を支え，子どもの成長を支える，当たり前かもしれないけど大切で認められるべきことなのだということである。母親が家事や育児をこなすのは当たり前，逆にそれが思うようにできていない自分を責めてしまうという母親たちはたくさんいる。抱っこしていないとすぐに泣きだすわが子を，「子どもを泣かせてはいけない」と言われ，そう思い込み，ずっと抱っこし続けて疲れきっている母親に「お母さんすごいねぇ。よくがんばったねぇ」と背中をさするだけで，ぽろぽろと涙が流れることもある。毎日子どもと向き合い，いい母親になりたい，いい子に育てたいと思いながらも，イライラしてしまう自分に自信がもてず，引け目を感じながら何とかがんばっている母親たちに，支援者がまずできることは，そのがんばりを認めることだと思っている。もちろん，専門的な知見から子どもの発達を促すために，どう接することが大切か，ほめ方のコツを教えたり，接し方の工夫について伝えたりすることは，専門家としての責務の1つであり，期待されている大切な仕事である。

　一方で，われわれは子どもであれ大人であれ，人に認められ，人から大切にされる体験を通して自分を大切と思うことができ，自己肯定感が得られることで人を大切に思い尊重することにもつながっていく。専門家であっても，1人の人として，母親の日々の大変さに共感し，がんばっていることにフォーカスすることが，信頼関係を築き，その先の改善やさらなるがんばりを引き出す原動力につながるのではないだろうか。

　あるアーティストから教わった「Help ever hurt never」という言葉がある。「常に助け，決して傷つけない」という意味の言葉である。対人援助にかかわる人だけでなく，人間として等しくこのことを胸に生きていれば，きっと温かく生きやすい世の中になるのではないだろうか。

◆学習課題
　対人援助職にとって重要な「知識と技能」，もつべき「心性」とは何か考えてみよう。

引用・参考文献

榎本美香（2016）「書評 マイケルトマセロ（著）・橋彌和秀（訳）（2013）．『ヒトはなぜ協力するのか』」．『認知科学』23，427-430．

佐藤学（1997）『学びの身体技法』．太郎次郎社．

諏訪正樹・藤井晴行（2015）『知のデザイン――自分ごととして考えよう』．近代科学社．

宮西達也（2015）『やさしさとおもいやり』．ポプラ社．

望月昭（2007）「対人援助の心理学とは」，望月昭編『対人援助の心理学（朝倉心理学講座17）』．朝倉書店．

文部科学省（2021）「令和2年度家庭教育の総合的推進に関する調査研究――家庭教育支援の充実に向けた保護者の意識に関する実態把握調査」．

八島美菜子・田頭伸子・江坂美佐子（2020）「育児不安と子育て支援ニーズに関する研究――母親の育児不安と高校生の育児不安イメージの比較から」．『広島文化学園子ども子育て支援研究センター年報』10，47-54．

山崎晃（2022）「発達支援の基礎として考えておきたいこと――発達理論と省察，枠組みの転換から」．『発達支援学研究』3，1-14．

レイヴ，J. & ウェンガー，E.著，佐伯胖訳（1993）『状況に埋め込まれた学習――正統的周辺参加』．産業図書．

Barnetz, Z. & Vardi, S. (2015) Organizing Services, Humanizing Organizations: Towards a Definition of Human Services as a Generic Profession. *Journal of Service-Learning in Higher Education*, 4, 1-19.

Eisenberg, N. (1986) *Altruistic Emotion, Cognition, and Behavior*. Lawrence Erlbaum Associates.

Murdoch, D. D., Gregory, A., & Eggleton, J. M. (2015) Why Psychology? An Investigation of the Training in Psychological Literacy in Nursing, Medicine, Social Work. Counselling Psychology, and Clinical Psychology. *Canadian Psychology*, 56, 136-146.

第2部

子どもを取り巻く社会と文化

第6章
子どもと表現

小笠原文・湯浅理枝

1. 表現とは何か

　「表現」とは何か。それは，よく聞く言葉でありながら広義であるため捉え難い。広辞苑第7版には「心的状態・過程または性格・志向・意味など総じて内面的・精神的・主体的なものを，外面的・感性的形象として表すこと。また，この客観的・感性的形象そのもの，すなわち表情・身振り・動作・言語・作品など」と記載されている。人間が感じたことや考えたことなどの内面的なものを，形（作品）や態度や言葉を用いて外面的に示し他者に伝えることと言い換えることができるであろう。これは人類がその黎明期から継続させてきた営みであり，人間が紡いできた歴史や文化，あるいは人間そのものを解釈する重要な根拠となってきた。また，一個人においても，その人物の内面に近づき，理解する手がかりとなる。

　19世紀末から20世紀初頭に欧米から始まり各地で展開された児童研究運動の中では，それまで価値のないものとされていた「子どもの絵」が初めて着目され，研究対象となっていった。子ども期，そして個々の子どもを理解するうえで，「表現」が果たす役割は大きい。そして，「表現活動」という経験は子どもの身体と心の成長に，程度の差はあれども望ましい影響を与えることが認められている。このように，個々の子どもに寄り添うためにも，そして個々の子どもが成長するためにも大切とされる「表現活動」は，幼児教育・保育や学校教育の実践の中で常にその存在を示してきた。一方で子どもの表現力は，感性と大きくかかわる部分であることから才能や天性とみなされがちで，それを指導し，育成する意義や困難さは議論され続けてきた。本章では，幼児教育・保育における表現活動の内容と目的について確認する。そして，小学校教育との

接続について整理したうえで，実践例をあげ，今日の表現教育について考えて
いきたい。

2.　幼児教育・保育における「表現」

　わが国における就学前の子どもが過ごす教育・保育施設として「幼稚園」
「保育所」「認定こども園」があげられるが，近年は施設の違いを越えて，子ど
もが享受する環境や指導の質とレベルを等しく保証することが求められてい
る。それは2018（平成30）年に同時に改訂された「幼稚園教育要領」「保育所
保育指針」「幼保連携型認定こども園保育要領」に新たに示された「幼児期の
終わりまでに育ってほしい10の姿」と，その目指すべき姿を実現するための
「保育のねらい」を領域に分けた5領域の内容が共通化されたことに見ること
ができる。
　「10の姿」における「表現」に深くかかわる項目は，10番目の視点「豊かな
感性と表現」であるが，そこには5歳児後半までの成長の目安として，「みず
みずしい感性を基に，生活の中で心動かす出来事に触れ，感じたことや思い巡
らしたことを自分で表現する」姿と「友達同士で表現する過程を楽しんだりし
て，表現する喜びを味わい，意欲が高まるようになる」姿が示されている。そ
の姿へ近づくための道筋に領域「表現」の活動がある。それは「感じたことや
考えたことを自分なりに表現することを通して，豊かな感性や表現する力を養
い，創造性を豊かにする」活動であり，そのねらいは「(1)いろいろなものの
美しさなどに対する豊かな感性を持つ。(2)感じたことや考えたことを自分な
りに表現して楽しむ。(3)イメージを豊かにし，様々な表現を楽しむ」と示さ
れている。
　大場牧夫は表現の過程について「目に見えない心の内部を外側に表し出
す」こととし，そこには表現する行為である「表し」と，表現されたもので
ある「現れ」の両方の意味が含まれるという「表現の氷山モデル」を示した
（大場, 1996）。槇英子はこのモデルを援用し，幼児教育・保育における表現指
導について目に見える作品が立派であることを目指すのではなく，「過程であ

る『表し』に着目し，その背景を含む全体を『表現』と捉える視点が求められる」（槇, 2008: 9）と述べる。そして「作品や姿といった結果としての表現は目に見える部分の氷山の一角であるが，それ以上に水面下にある『体験』『感じる』『心が動く』といった過程としての表現を豊かにすること」（槇, 2008: 9の図表1-1）が表現活動を行ううえで保証されなければならないとしている。また，表現は，表し手が，受け手を意識しているかどうかによりさまざまなレベルがあり，表し手が受け手に伝達する意図があれば「表現」，伝達する意図がなければ「表出」と区別されるが，幼い子どもの表現活動の指導においては，「表出」も「表現」と捉える視点が求められる。

　幼児教育・保育における表現活動では，自然とかかわる活動や五感を大事にした活動，個と集団の活動など豊かな生活（経験）を通して，心を揺さぶられながら豊かな感性を育み，それが表現の原動力となる一連のプロセスが重要視されていることがうかがえる。つまり，豊かな生活（経験）から生じた表現活動そのものが新たな経験となり，そこから別の表現活動が生じるような接続性と発展性をもった活動を乳幼児期に継続して行うことが，領域「表現」の目的達成には不可欠であるといえる。

3. 小学校教育における「表現」

　乳幼児教育・保育における領域「表現」は小学校教育において3つの科目へ分化される。「身体表現」は表現運動系を含む「体育科」の中で，「造形表現」は「図画工作科」，「音楽表現」は「音楽科」の中で指導されることになる。それぞれの6年間を通した教科目標は，以下のように示されている。また，児童は3つの観点から達成度を評価されることになる。

体育科の教科目標　小学校学習指導要領（平成29年告示）解説，体育編より抜粋

　体育や保健の見方・考え方を働かせ，課題を見付け，その解決に向けた学習過程を通して，心と体を一体として捉え，生涯にわたって心身の健康を保持増進し豊かなスポーツライフを実現するための資質・能力を次のと

おり育成することを目指す。

（1）その特性に応じた各種の運動の行い方及び身近な生活における健康・安全について理解するとともに，基本的な動きや技能を身に付けるようにする。

（2）運動や健康についての自己の課題を見付け，その解決に向けて思考し判断するとともに，他者に伝える力を養う。

（3）運動に親しむとともに健康の保持推進と体力の向上を目指し，楽しく明るい生活を営む態度を養う。

図画工作科の教科目標　小学校学習指導要領（平成29年告示）解説，図画工作編より抜粋

　表現及び鑑賞の活動を通して，造形的な見方・考え方を働かせ，生活や社会の中の形や色などと豊かに関わる資質・能力を次のとおり育成することを目指す。

（1）対象や事象を捉える造形的な視点について自分の感覚や行為を通して理解するとともに，材料や用具を使い，表し方などを工夫して，創造的につくったり表したりすることができるようにする。

（2）造形的なよさや美しさ，表したいこと，表し方などについて考え，創造的に発想や構想をしたり，作品などに対する自分の見方や感じ方を深めたりすることができるようにする。

（3）つくりだす喜びを味わうとともに，感性を育み，楽しく豊かな生活を創造しようとする態度を養い，豊かな情操を培う。

音楽科の教科目標　小学校学習指導要領（平成29年告示）解説，音楽編より抜粋

　表現及び鑑賞の活動を通して，音楽的な見方・考え方を働かせ，生活や社会の中の音や音楽と豊かに関わる資質・能力を次のとおり育成することを目指す。

（1）曲想と音楽の構造などとの関わりについて理解するとともに，表したい音楽表現をするために必要な技能を身に付けるようにする。

（2）音楽表現を工夫することや，音楽を味わって聴くことができるようにする。

　（3）音楽活動の楽しさを体験することを通して，音楽を愛好する心情と音楽に対する感性を育むとともに，音楽に親しむ態度を養い，豊かな情操を培う。

　1つ目の評価の観点「知識・技能」は，「何を知っているか，何ができるか」という部分で，体育・図画工作・音楽においては技能の熟達が目標となる。前節では「表現の氷山モデル」を示し，幼児教育・保育の時期における「表し」の部分の重要性を述べたが，小学校においては「現れ」の部分も子どもの「表現」の要素として，評価の対象となっていく。2つ目の評価の観点「思考力・判断力・表現力」は「理解していること・できることをどのように使うか」，つまり「問題解決能力」と言い換えることができる。3つ目の評価の観点「学びに向かう力・人間性等」は教科教育の枠を超え，「どのように社会とかかわ

表1　評価の観点の例（広島市立M小学校　2年生の評価の観点）

体育	知識・技能	いろいろな運動遊びの仕方について知り，基本的な動きができる。
	思考・判断・表現	いろいろな運動遊びの仕方を工夫し，考えたことを伝えることができる。
	主体的に学習に取り組む態度（学びに向かう力・人間性等）	いろいろな運動遊びの楽しさに触れ，進んで取り組もうとしている。
図画工作	知識・技能	造形的なものの見方に気付き，材料や用具を使って表し方を工夫しながら創造的につくったり表したりすることができる。
	思考・判断・表現	造形的な面白さや楽しさ，表したいことや表し方について考え，楽しく発想や構想したり，身の回りの作品などから見方や感じ方を広げたりすることができる。
	主体的に学習に取り組む態度（学びに向かう力・人間性等）	つくりだす喜びを味わい，楽しく表現や鑑賞の活動に取り組もうとしている。
音楽	知識・技能	曲想などに気付き，表現を楽しむために必要な技能を身に付け，歌ったり，演奏したり，音楽をつくったりしている。
	思考・判断・表現	表現について思いをもったり，曲や演奏の楽しさを見付け，音楽を味わって聴いたりしている。
	主体的に学習に取り組む態度（学びに向かう力・人間性等）	楽しく音楽に関わり，音楽活動をする楽しさを感じながら，身の回りの音楽に親しみ，生活を明るく潤いのあるものにしようとしている。

り，よりよい人生を送るか」を問う人間教育についての目標といえる。ただし，人間性を教科の中で評価対象にするのは難しいため，学習活動の中での主体性を評価していくことになる。体育・図画工作・音楽においては共同で行う活動，たとえば，リズムダンスや合奏，共同制作などで仲間と協力することや主体的に取り組むことが評価される。

　表現領域における幼児教育・保育と小学校教育の接続については，身体表現が体育科で指導される際に「感性を育む」という視点が弱くなることが課題としてあげられる。実際に，体育科の教科目標の中に「感性」や「情操」あるいは「表す」といった文言は登場しない。造形表現に関しては，図画工作科に移行した際，作業的要素が強い活動や言語活動が重要視される活動などが多く実施され，就学前に親しんだ造形活動との違いに戸惑う子どももいる。全般的に，教育における子どもの表現活動は，年齢が上がるにつれて表現方法が分化され，限定的あるいは指定的になる傾向がある。また，個々の内面世界を外面的に示し伝える表現活動は評価をすることが難しく，それゆえに評価の観点が示されているわけであるが，可視化されない部分は評価ができないという課題が残る。このように，小学校における表現教育は困難さを抱え，表現教育とは呼び難い「体育」「図画工作」「音楽」が散見される。このような現状の中で，子どもの自発的な表現を引き出す授業実践例を紹介する。

4.　実践事例

(1)　子どもと身体表現——小学校低学年児童「リズム遊び」授業実践

①体育科における表現

　体育科の表現運動系およびダンス領域（以下，ダンス系領域）は，1998（平成10）年の小学校学習指導要領改訂で「リズムダンス」が導入され，2008（平成20）年中学校学習指導要領改訂には「ダンスの必修化」がなされるなど，大きな変革がもたらされた。とくに，ダンスの必修化についての期待は大きく，その中でもとりわけ注目されたのが「現代的なリズムのダンス」であり，テレビ

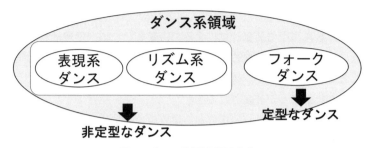

図1　ダンス系領域学習内容

やYouTubeで目にするような，ストリートダンスが学校で教えられるように
なるという印象を多くの人に与えた。小学校の「リズムダンス」についても児
童の関心が高く，多くの学校で取り組まれるようになっている。しかし，こ
れらリズム系ダンスをめぐって，教育現場では問題が生じているのも確かであ
る。

　小学校では，はじめからバレエやジャズのような特定のジャンルのダンスを
踊るわけではない。小学校の表現運動領域は低学年の「表現リズム遊び」，中・
高学年の「表現運動」として構成されている。低学年の表現リズム遊びは「表
現遊び」「リズム遊び」の2つ，中・高学年の表現運動は「表現」「リズムダン
ス」「フォークダンス」の3つの内容に分かれている。いずれの学年においても，心身を解放することや何かになりきって踊ること，仲間と交流しながら踊
ることの楽しさが感じられることを目指す運動であり，技術の向上を目指すこ
とが目標ではない。また，図1にあるように，表現系のダンスとリズム系のダ
ンス領域の学習内容は，非定型なダンスであり，子どもたちがイメージや音楽
から発想し，自由に踊ることが求められているダンスといえる。

　しかしながら，学校では，リズム系ダンスの授業は振り付けを覚えて踊ると
いう学習内容であると誤解され，教師が決まった動きを教えたりミュージッ
クビデオなどの映像を見せ，それを模倣させたりする指導が行われている（中
村，2016）。またリズム系ダンスに限らずダンス系領域の授業全般において運動
会や体育祭の発表のための練習を授業として充て，その活動のみで終わってし
まっているという学校も一定数存在する（高橋，2016）。これらの指摘は，ゴー
ルフリーな特性をもつリズム系ダンスの授業が探求型の授業として行われてい

るのではなく，一斉指導により内容を身につけていく習得型・模倣型の学習に偏って行われていることを示している（酒向, 2020）。

　習得型・模倣型の学習から創造的な学習へとリズム系ダンスの授業を発展させていくには，どのような学習展開を構想していけばよいのであろうか。創造的認知の研究において，新たな表現を生成するには，既存の枠組みを乗り越え，新たな枠組みを構築していくことが重要であることが示されている。この過程において，「制約」が重要な役割を果たすといわれている（Stokes, 2001）。たとえば，新たな作品を創造するとき，制作に使用してよい部品をあらかじめ制限したり，制作するものの目的等を示されたりして制限したほうの創造性が，制限されなかったほうより高かったことが明らかになっている（Finke, Smith, & Ward, 1999）。また，学習の初期段階における課題の制約が厳しいほど，中期以降の変動性が高く維持される傾向があり，多様な表現が表出されることも報告されている（Stokes, 2001）。美術において他者作品を模写するという制約を課したことによって，模写をせず制約を課されなかった場合に比べて創造的な作品が生み出されたことが確認されている（石橋・岡田, 2010）。

　これらの先行研究を参考に，論者はリズム系ダンスにおいても模倣から創造へと学習を深化させていくプロセス，教師の働きかけや児童の知識・技能がどのように創造的表現に寄与したのかを明らかにしていく学びの深化過程モデルを構想した。新たな表現の生成を促進するために「制約」を教師の働きかけとして取り入れ，そのことにより児童の思考や表現がどのように変容するのかを検証していくこととした。ここからは，学びの深化過程モデルに沿ってデザインされた実践において，児童に課された制約がどのように機能したのかについて述べることにより，リズム系ダンス実践の一例を報告することとする。

②実践の概要

　公立小学校2年生30名で，リズム系ダンス授業の経験のない児童を対象に全5時間の単元を行った。単元のデザインを図2に示す。第1時は，音楽に合わせて体じゃんけんのポーズを使用して踊り，第2時は担任教諭の提示した動き（資源の制約）を模倣しながらダンス創作に活用する動きを習得して，ペアで模倣し合いながら練習をした。第3時は，ペアで動きを自由に選択し，それらの

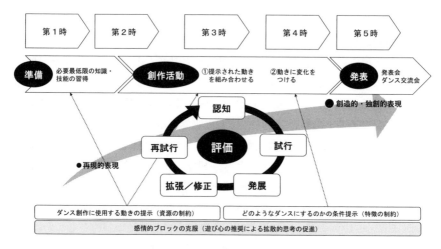

図2　学びの深化過程モデルをもとにした単元のデザイン

出所：湯浅（2022: 28）を修正

動きを組み合わせて踊った。第4時は，動きを組み合わせた踊りに変化を加え
て工夫して踊った（特徴の制約）。第5時は，友だちのダンスを鑑賞したり一緒
に踊ったりする活動を行った。

　単元の目標は，以下のとおりである。

---

①軽快なリズムの音楽に乗って踊ったり，友だちと調子を合わせたりして
　即興的に踊ることができるようにする（知識及び技能）
②軽快なリズムに乗って踊ったりする簡単な踊り方を工夫したり，考えを
　友だちに伝えることができるようにする（思考力・判断力・表現力等）
③誰とでも仲よく，リズム遊びに進んで取り組み，周りの安全に気をつけ
　て踊ることができるようにする（学びに向かう力・人間性等）

---

③リズム遊びの授業の実際──創造を促進する制約

　本リズム遊びの実践は，模倣と創造（探求）の両立を目指してデザインされ
たものである。そのため，模倣から新たな表現を生成するために，「制約」に
着目し，単元の中で2度の制約条件を課した。その場面に焦点を当てて，児童

の姿を報告する。

　1度目は，準備段階でダンス創作に必要であろうと考えられる動きを提示し，児童に習得させることで資源を制約している。児童は提示された動きをまずは使いながら，音楽に合うように組み合わせて踊るという活動を行った。児童は，これまでの生活経験や学習経験から，さまざまな動きを獲得している。しかしながら，「音楽に合わせて自由に踊る」ダンスとなると，自身のすでにもっている動きを活用して表現することを躊躇してしまう児童が多く存在する。児童がすでに知っている身近な動きを提示し制約を課すことは，簡単な動きでも音楽に合わせて踊ることができるという経験につながり，ダンス学習の最初の壁を乗り越えることに貢献できる。本実践でも，児童は創作活動段階の①動きの組み合わせや，②動きに変化をつける活動においても，動けずにじっとしていたり，躊躇していたりするような姿を見せる児童はおらず，音楽に合わせることに意識を向けて踊っている様子が確認できた。

　2度目は，創作活動段階で「ペアでなければできない動き」としてタッチの動きを入れるように条件を課した（特徴の制約）。タッチの動きを入れることで，児童はくっついたり離れたりする動きや左右対称の動きを取り入れ，動きに変化をつけて踊っていた。また，音楽に合わせて踊ることを意識しているため，踊りに変化をつけながらも，音楽に合わなくなると動きの速さを変えたり，動きを減らしたり増やしたりしながら，調整する姿が見られた。このような姿からは，児童が図2に示す創作活動段階での「認知→試行→発展→拡張／修正→再試行」といった認知活動のプロセスをたどりながら学んでいたことが推察される。

　2度の制約を課した場面において，児童が単元の①知識・技能や②思考・判断・表現力等の目標を達成する姿を確認することができた。踊りに用いる動きを提示し資源を制約したことにより，児童は音楽に乗って踊ることに意識を向け踊ることができていた。加えて，タッチの動きを入れて踊るという特徴の制約を課したことで，友だちと調子を合わせることや簡単な踊り方の工夫を考えることが促進されていた。本実践での「制約」は，自由な発想を引き出すだけでなく，単元を通じて大切にする「音楽に乗って踊る」という目標を達成することにつながっていた。

(2) 子どもと造形表現——小学校低学年児童「表現・立体」授業実践

① 図画工作科で取り扱う内容の変遷と現状

　1977（昭和52）年の新学習指導要領は，各教科において，内容の精査・集約化が行われ，標準授業時数が大きく削減されたことで注目を浴びた改訂であった。図画工作科においても，それまでの全学年を通じて絵画・彫塑・デザイン・工作・鑑賞の5領域からなる内容が，「A表現」「B鑑賞」の2領域に統合され，低学年においては「造形的な遊び」といわれる新しい学習活動が導入されるなど，大きな変化があった。この1977（昭和52）以降，1989（平成元）年，1998（平成10）年，2008（平成20）年，そして2017（平成29）年の5回の改訂が行われたが，図画工作科については，大きな領域「A表現」「B鑑賞」を維持しながら，「A表現」の内容は表2に示すように変遷してきた。この動向について吹氣・倉原は「芸術教育の基礎となる知識や技能を習得させる図画工作から，子どもの主体的な造形活動の中で培われる想像的な技能による表現を支援する図画工作科への転換と改善を通してきた」と評価する（吹氣・倉原, 2018: 202）。一方で，1989（平成元年）年版学習指導要領の完全実施により図画工作科の年間授業時間は，中学年が70時間から60時間，高学年が50時間と大幅に減少し，2時限続きの授業も基本的には行われなくなった。また，教育現場の多忙化から教科書に対応した「キット」が頻繁に用いられるようになり，図画工作科で製作される作品は，まとまりがよく無個性な仕上がりにならざるをえない。こうした表現の矮小化や均質化は図画工作科の問題点として指摘されている。このような現状において，一つひとつの単元につながりをもたせ，子どもたちが造形経験を積み重ねる長期の行程を構築している実践例の一部を紹介する。

② 授業の概要

　本実践は，国立小学校2年生35名を対象としたものであり，題材は「A表現」の「立体に表す」活動である。日本文教出版の教科書『たのしいなおもしろいな　ずがこうさく1・2下』（日本児童美術研究会, 2019: 44-45）で紹介されている「ともだちハウス」から着想を得たもので，全8時間の単元となっている。

表2　1977〜2017年　表現領域の内容

1977（昭和52）年7月			
	低学年	中学年	高学年
A表現	・造形的な遊び ・絵や立体 ・生活を楽しくするもの，飾るもの	・絵 ・立体 ・伝えたい事柄，生活を楽しくするもの，飾るもの	・絵 ・彫塑 ・伝えたい事柄，生活を楽しくするもの，デザイン

1989（平成元）年3月			
	低学年	中学年	高学年
A表現	・造形遊び ・絵や立体 ・生活を楽しくするもの，飾るもの，想像したもの	・造形遊び ・絵や立体 ・生活を楽しくするもの，飾るもの，伝え合うもの	・絵 ・立体 ・生活を楽しく豊かにするもの，身近な環境，伝え合うもの

1998（平成10）年12月告示			
A表現	低学年	中学年	高学年
	・造形遊び ・絵や立体，つくりたいもの	・造形遊び ・絵や立体，つくりたいもの	・造形遊び ・絵や立体，工作

2008（平成20）年3月告示			
A表現	低学年	中学年	高学年
	・造形遊び ・絵や立体，工作		

2017（平成29）年3月告示			
A表現	低学年	中学年	高学年
	・造形遊び ・絵や立体，工作		

この活動は小石やペットボトルのキャップなどの小さな素材に顔を描いて「小さなともだち」とし，彼らの住む家を空箱や段ボールなどさまざまな材料を用いてつくるというものである。「小さなともだち」の視点で作品をつくり鑑賞するという，（分身的ではあるが）自分以外あるいは自分に内在するもう1つの視点を児童たちに意識させる題材である。第1時は「小さなともだち」に顔を描き，造形的な特徴に視点を向け，名前をつける。自分の「小さなともだち」をクラスメイトと紹介し合い，一緒に遊ぶ。第2時ではさまざまな形や色の箱を並べたり積んだりしながら大まかな家のイメージをもつ。第3時から第5時では「ちいさなともだち」を動かしながら，箱を組み合わせて家をつくり，部屋の中にあるものや飾りなどもつくって「ちいさなともだち」が喜ぶ家を完成

させていく。第6時と第7時で，出来上がった家を床に並べ，好きな場所を探し，思いついたものをつくり足しながら，クラスメイトの作品とつながっていく。最後の時間となる第8時は総括を行う。自分の製作過程の写真や毎時書いた振り返りを見ながら，活動全体でがんばったことや楽しかったことなどを共有しながら振り返る。単元のねらいを以下に示す。

---

①集めた材料でつくるときの感覚や行為を通して，造形的な特徴に気付き，表したいことを基に表し方を工夫する。

②材料の造形的な特徴を基に創造したことから表したいことを見付け，どのように表すかについて考え，自分の見方や考え方を広げる。

③自分や他者の作品のよさや美しさについて考え，自分らしい見方や考え方で味わう。

---

③実践の実際――表現経験をつなげる

　本実践は前述したとおり，教科書の題材から着想を得たものであり，多くの小学校で同じ題材を扱う授業が行われている。本実践が他の授業と異なる点は，表現経験のつながりを意識して計画・実施されたことである。本実践の中には2つのつながりがある。1つ目は時間的な造形経験のつながりである。実践校は国立小学校であり，基本的に児童は国立中学校にそのまま進級する。中学校から入学してくる生徒もいるが，小学校・中学校の9年間を通した学びを構築し，中学生は7年生，8年生，9年生と呼ばれる。造形美術分野においては9年間の学びの集大成として「15歳の私」展が位置づけられている。これまでの学びを活かし，さまざまな表現方法や材料について，自分の表したいことに合わせて選び，表現し，発表する活動である。この活動を見据えて，9年生までに「自分の表したいこと」に適した「表現方法や材料」を自分で決定し表現することができるようになることを目指し，児童・生徒の学年に合わせて段階的に題材を設定するようにしている。今回の実践例で取り上げた2年生の活動もその行程上にある。本実践では，教師が用意したものに加え，児童たちが持ち寄った素材は種々多様なものであった。素材から表したいことを思いつく，あるいは表したいことに合わせて素材を選ぶことのできる環境が用意され，そ

の中で児童たちが表現方法や表現材料を自己決定する姿が確認された。

　2つ目は空間的な造形経験のつながりである。本実践では，児童が個々の「小さなともだちの家」をつくる活動だけで終わらせず，第6時と第7時の2時間をかけて，それぞれの「家」を「寒い場所」「暑い場所」「海の近く」「空の上」など置きたい場所を考え，クラスメイトと意見を交換しながら場所をつくり，そこに家を置くという活動を行った。活動は机の上では収まらず，教室の床全体を使って行うが，段ボールなどで高い場所や斜面をつくる児童も出現する。村や街といったコミュニティが自然と生まれ，小さなコミュニティはつながりながらクラス全体の世界をつくり出した。その過程で，児童の発想が連鎖し，表現が大きく豊かなものへと変容していく様子が見られた。

5. 美的経験としての表現活動

　現代は社会風潮全体が「自らの感覚で表現すること」や「他者の表現を認め，ともに愛でること」への自信を喪失している時代でもあり，表現することを躊躇してしまう児童や表現への意欲がもてない児童が少なからず存在する。そのような現状の中で，本章では，模倣から新たな表現を生成するために「制約」に着目した体育科のリズム遊びの実践と，少なく細切れの授業時数の中で表現を矮小化させないために時間的・空間的なつながりを意図した図画工作科の立体表現の実践を紹介した。

　表現活動は，どのような表現媒体を介したとしても「1つの経験」であるといえる。表現活動が経験となり子どもの感性を磨いていくためにはその経験が美的経験であるような表現活動がなされることが重要であろう。美的経験とは何か。それは美的なるものを感じ取り，それに感動する経験である。子どもにとって感動は貴重な経験である。なぜなら感動は契機となり，生きる原動力となりうるからである。一般的に，感動は一過性のものであるが，美的感動は地味だけど心に残り続けるという特性をもつ。フランスの教育学者ケルラン（Kerlan, A., 1948- ）は芸術と生活が一体になっているとか，子どもは生まれながらに芸術家なのだといっているわけではないと断ったうえで，「ごく単純に

《人間の精神的な横顔》特有の行動としての美的行動は幼年期と日常経験において根を張るのだということが重要なのだ」（Kerlan, 2013: 20）と述べる。すべての子どもが，子ども期に日常的かつ継続的に美的経験を得られることこそが表現教育の意義であり，目指すべきあり方であろう。「経験」には「私」が何かを「経過する行為」の中で「私」が変容する経験と，「私」が「私の身体を使って何かを試す行為」である経験の2つのタイプがある。教育・保育の中で行われる表現活動という経験は，現状では後者であることが多い。自己の変容を伴う美的経験としての表現活動を模索することが求められる。

◆学習課題
　あなたが就学前もしくは児童期に経験した表現教育を振り返り，最も印象に残ったものを取り上げて，美的経験としての表現活動が実現するためには，それをどのように改善または発展させればよいかを考え，まとめてみよう。

引用・参考文献

石橋健太郎・岡田猛（2010）「他者作品の模写による描画創造の促進」.『認知科学』第17巻第1号，196-223.

大場牧夫（1996）『〈フィールドノートからの試論〉表現原論──幼児の「あらわし」と領域「表現」（新保育内容シリーズ）』. 萌文書林.

小笠原文（2015）「子どもと芸術教育──フランスにおける近年の動向とその基礎理論」. 中国四国教育学会編『教育学研究紀要』（CD-ROM版）第61号，137-142.

酒向治子（2020）「激動の時代に向けたダンス教育の意義」.『体育科教育』第68巻第12号，12-15.

高橋和子（2016）「改革期のダンスでいま，何が，どう問題か」.『体育科教育』第64巻第3号，16-19.

中村恭子（2016）「『現代的なリズムのダンス』＝ヒップホップダンスという"誤解"を解いて自主創造的なダンス学習へ」.『体育科教育』第64巻第3号，28-31.

日本児童美術研究会編（2019）『たのしいなおもしろいな　ずがこうさく1・2下』. 日本文教出版.

Finke, R. A., Smith, S. M., & Ward, T. B.著，小橋康章訳（1999）『創造的認知——実験で探るクリエイティブな発想のメカニズム』．森北出版．

吹氣弘髙・倉原弘子（2018）「新学習指導要領図画工作科における改訂の方向性に関する一考察」．『中村学園大学短期大学部研究紀要』第50号，197-211.

槇英子（2008）『保育をひらく造形表現』．萌文書林．

湯浅理枝（2022）「リズム系ダンス授業における児童の着眼点の変容と技能の習得——小学校低学年リズム遊び授業における児童の学習過程に着目して」．『初等教育カリキュラム研究』第10号，23-37.

湯浅理枝・山崎晃（2022）「児童の創造的活動における表現の獲得過程の検討——リズム系ダンス学習時の制約による児童の気づきと動きの同期に着目して」．『日本教育心理学会第64回総会発表論文集』198.

Kerlan, A. (2013) À la source éducative de l'art. *Staps*, №102, 17-30.

Stokes, P. D. (2001) Variability, Constraints, and Creativity: Shedding Light on Claude Monet. *American Psychologist*, 56(4), 355-359.

第7章
子どもと法

二階堂年惠・山中 翔

はじめに

　子どもの遊びはさまざまなきまり（法）によって成り立っている。たとえば，鬼ごっこには，鬼役の人数，逃げる範囲，勝敗の決め方などのきまりがある。ときに，これらのきまりは状況に応じて変更される。普通の鬼ごっこに飽きれば，子どもはゲームの難度を上げる（鬼役にタッチされた子どもでも，鬼役でない子どもに再びタッチされたら，ゲームに復帰できる）ことで引き続き，楽しく遊ぶ。このように，子どもは遊びの中できまりを守りつつも，ときにそれを柔軟につくり変えているのである。

　本章のテーマである法教育（"Law-Related-Education"，直訳すれば「法関連教育」であるが，わが国では法教育と呼ばれている）は，法を守り，つくる主体として子どもを捉え，その資質を伸ばす教育である。法教育は法律専門家でない人々が法や司法制度の価値を理解し，法的なものの見方や考え方を身につける教育である（法教育研究会，2004）。つまり，法教育の目的は，弁護士のような法律の専門家を育成するのではなく，法の意義を理解し，法に依拠した思考ができる市民を育成することである。

　また，法教育はシティズンシップ教育（citizenship education）の1つとみなすこともできる。シティズンシップ教育とは，民主主義社会を担っていく市民に必要な知識，技能，態度や徳を身につけるための教育である。日本では，18歳選挙権の実現を背景にその必要性が強調されるようになり，さまざまなカリキュラム開発や授業実践が行われている。

　ところで，なぜ，法教育はシティズンシップ教育であるといえるのか。民主主義社会はさまざまな法のもとで営まれており，その法の制定に私たちはかか

わっている。要するに，民主主義社会で生きていく以上，私たちは法を生業にせずとも，法の影響を受けているのである。したがって，司法制度の価値を理解し，法的なものの見方や考え方を身につけることは民主主義社会を担うために重要であり，それゆえ，法教育はシティズンシップ教育であるといえるのだ。

　さて，「子どもと法」と題された本章では，まず，シティズンシップ教育の概要について整理する。続いて，シティズンシップ教育の具体的事例として幼稚園における法教育の実践を取り上げ，その意義について検討する。

1.　シティズンシップ教育の目的，シティズンシップ教育の取り組み

(1)　シティズンシップの多義性

　シティズンシップはどのように形成され，発展してきたのか。小玉重夫はこの過程を以下のようにまとめている（小玉, 2003: 11-12）。もともと，シティズンシップとは国民国家の政治を担う人々のことを指しており，それは一部の成人男性に限定されていた。やがて，国民国家の発展とともに，シティズンシップの意味およびシティズンシップが包摂する範囲も拡大した。

　それでは，シティズンシップはどのような意味で理解されているのだろうか。片山勝茂によると，シティズンシップは以下の3つの意味で用いられる（片山, 2007: 91-92）。1つ目の意味は市民権である。これは国や地域の成員であることを指すと同時に，市民として行使できる権利や果たすべき義務も指している。2つ目の意味は市民性である。これは模範とすべき市民のあり方，より具体的にいうと，民主主義社会を担う市民として必要な資質・能力や，政治，社会活動などに積極的にかかわろうとする態度のことを指している。3つ目の意味は市民性の教育である。イギリスのカリキュラムでは，生徒が国や地域で積極的な役割を果たすための知識や理解，技能，そして態度を身につけることという意味でシティズンシップが用いられている。

　また，シティズンシップは非専門家としてのアマチュアという意味で理解されることもある（小玉, 2016）。この理解に基づく場合，シティズンシップ教育の目的は何らかの領域に精通した専門家や職業人ではなく，それを本業としな

い素人（市民）の養成ということになる。のちに詳述する法教育も弁護士のような法律の専門家養成ではなく，法的なものの見方や考え方を身につけることを目的としており，この点において，シティズンシップ教育であるといえよう。

(2) シティズンシップに関するさまざまな理解

　シティズンシップ教育におけるシティズンシップとは，2つ目の意味で用いられるわけだが，模範とされる市民のあり方はさまざまである。オランダの教育哲学者のビースタ（Biesta, G., 1957-　）によると，2000年代のヨーロッパの高等教育では，アクティブ・シティズンシップ――市民社会への参加をとりわけ強調する――の育成が重要な課題として位置づけられていた（ビースタ, 2014）。アクティブ・シティズンシップは政治や地域社会に積極的に関与しようとする能動的な市民の姿を理想としている。
　そして，近年，主流をなしているのは熟議型のシティズンシップ教育である。この立場は熟議民主主義（deliberative democracy）――熟慮された議論，すなわち意見の根拠を示し合う話し合いを通じて，1つの合意を目指す民主主義――に依拠している。熟議型のシティズンシップ教育は，熟議に必要な能力の育成を目的としている。熟議を始めたばかりの参加者はルールのもとで行われる話し合いを堅苦しく，不自由に感じるかもしれない。けれども，何度も熟議を繰り返すうちに，理由をつけて意見を述べることにも慣れ，さまざまな意見を聞くうちに，他者を尊重する態度や合意形成の力が涵養されるのである。
　熟議型のシティズンシップと部分的に重なりつつも，国の維持や政治への参加をより重視しているのが，共和主義的シティズンシップである。共和主義的シティズンシップは「自由で平等な民主的社会の建設と維持のために」必要な徳の育成を重視する（古川, 2021: 121）。この徳の中にどのような項目を加えるかは，論者によって意見が異なるものの，共同体への忠誠や公的生活への参加を求める点はおおむね一致している。
　イギリスの教育改革において，シティズンシップ教育の導入に尽力し，日本でもその著書が翻訳されているクリック（Crick, B., 1929-2008）は共和主義に依

拠しながら，シティズンシップを構想する。彼はシティズンシップを「政治的
リテラシー」と定義する。政治的リテラシーとは，政治問題における争点を見
極め，その影響を理解すること。また，実際に政治問題をめぐって何かに取り
組むとき，他者の信条や意見を尊重しながら事に当たることができることであ
る（クリック, 2011: 89）。

(3) シティズンシップ教育の取り組み

　それでは，シティズンシップ教育にはどのような取り組みがあるのだろう
か。シティズンシップ教育ではさまざまな内容が扱われている。本章で取り上
げる法教育はもちろんのこと，多文化教育，人権教育，開発教育，ESD（持続
可能な開発のための教育），防災教育，ボランティア，消費者教育，キャリア教
育，模擬選挙やマニフェストに関する学習などをあげることができる（唐木ほ
か, 2015）。

　また，「子ども哲学（philosophy for children, 通称：p4c）」も注目に値するだろ
う。子ども哲学とは哲学教育の一種であり，子どもたちが哲学的なテーマにつ
いて自由に対話することが特徴である。対話を通じて，子どもたちは論理的思
考力や創造力に加え，他者を気遣うケア的な思考力も身につけることができる
という（河野, 2018）。こうした能力は多様化した民主主義社会を担っていくた
めに必要不可欠であり，子ども哲学はシティズンシップ教育の具体的な取り組
みであるといえよう。

　小学校教育との関連でいうと，シティズンシップ教育は政治や民主主義を扱
う社会科のみで行われるものではない。シティズンシップ教育はさまざまな教
科で実施可能である。また，科目にとどまらず，カリキュラムの柱としてシ
ティズンシップの育成を位置づけている学校もある。お茶の水女子大学附属小
学校では，前述したクリックの構想をもとに，「公共性リテラシー」の育成を
学校の教育目標として掲げ，「市民」という科目を設置している（小玉, 2016）。

　次節では，シティズンシップ教育の具体的事例として幼稚園における法教育
の実践について取り上げる。

2.　幼稚園における法教育の実践
——シティズンシップ教育の具体的事例として

(1)　法的資質育成の必要性

　わが国では，2009年5月に，刑事裁判における迅速化と明確化，国民参加による社会的正義の実現のための裁判員制度が施行されたことから，すべての国民に対して裁判員としての法的資質の育成が要求されてきている（法教育研究会，2004: 1）。これは，国民一人ひとりが司法に主体的に参加することが求められてきているといえると同時に，これまで裁判官や検察官，弁護士といった法律の専門家に任せる時代から，国民のすべてが，自由，かつ公正，公平な社会において，わが国の司法を維持・発展させる時代へと変革させようとしていることが汲み取れる。

　しかし，わが国のすべての国民が裁判員としての法的資質を修得しているとは限らないのが現実であり，法的資質を育成する教育が，学校教育において必要とされるようになってきた。つまり，学校教育において，法的資質の育成に関する学習を充実させていくことが望まれるようになってきたのである。

　加えて，2015年の改正公職選挙法の成立により，選挙権を有する者の年齢が18歳以上に引き下げられたことに伴い，「主権者教育」の必要性も強調されるようになってきた。ここで，子どもたちに身につけさせることが期待される知識や能力について，国会においても議論がなされたが，とくに，①現実の具体的政治事象を取り扱うことによる政治的教養の育成，②違法な選挙運動を行うことがないような選挙制度の理解を図ることとされた。

　さらに，2022年には民法が改正され，成人年齢が18歳に引き下げられたことに伴い，子どもたちにとって政治や社会への参画がいっそう身近なものになってきており，学校現場では，子どもたちの法的なものの考え方を学習する機会を設けることが期待されている。県によっては，弁護士等の法律の専門家から支援を受け，法やその基盤になっている価値を理解し，法的なものの考え方，現代的な課題の解決に向けて公正に判断する力や，多様な意見を調整した

り，法やルールに則って適切に解決を図ったりする力を育む教育を推進しているところもある（岐阜県総合教育センター，2016）。

（2）法教育とは何か

　そもそも法教育とは，アメリカにおいて1930年代から，市民の法や法制度に対する理解や，法過程への参加を促す学校教育として始まり，1960年代以降，法を学習する場として，アメリカ立憲民主主義の基本概念である正義の意義を市民が再確認したり，青少年の行動を改善するための方法として，つまり，シティズンシップ教育の1つとして，推進されてきたものである。これは，アメリカ合衆国全体として取り組むべき教育的課題の1つとして，高等教育のみならず，初等・中等教育においても積極的に位置づけられ，全国規模での展開を見せ，現代に至っている（全国法教育ネットワーク，2001: 164）。

　このようにアメリカで法教育が広がった背景には，社会が「法化」し，主権の行使，人権の保障，社会問題の解決，公共性や安全性の確保，私人間の紛争の処理などに制定法をはじめとする広い意味の法規範が直接的にかかわっていることが常態化したことがあげられる。また，暴力やドラッグにより環境が悪化した地域や学校での犯罪防止，予防の意図もあった。

　このアメリカでの法教育は，青少年であれ，法規範により取り囲まれて生活し，そこで権利や義務が発生し，法規範を用いて責任や負担などを受けている以上，アメリカの法システムを視野に入れて学ぶことが法化社会においては要請されるという認識によるものである。同時に，アメリカの社会科の学習対象である公的論争問題の多くが法律的な係争点を含んでおり，解決において司法的解決や自主的調停，話し合いなどの法廷外紛争処理が求められているという現状からも要請されているからである（日本社会科教育学会，2000: 190-191）。

　一方で，わが国において実践されている法教育は，現代のアメリカで展開されている法に関連する幅広い教育から発想されたものであり，基本的にはこの定義で述べられているものと同一である。

　近年，世界的に，シティズンシップ教育といった概念のもと，そこで目指さ

れている子どもたちの資質と，それらに固有な知識，技能，態度の育成のための教育をめぐる活発な議論が行われ，各国はそれに応じて，カリキュラムを開発したり，実践したりしている。その1つの具体的動きが，法や司法の教育の充実を目指す，いわゆる法教育で，法的資質を育成しようとする動きである。このような動きをいち早く取り入れたのがアメリカであり，法教育による法的資質の育成を展開し，そのことによりシティズンシップを実質的に高めようとしているのである（江口，2003: 7-8）。

　わが国では，2020（令和2）年度から実施されている小学校新学習指導要領で，各教科等において「法に関する教育」（いわゆる法教育）にかかわる内容が盛り込まれており，さらなる充実が図られているところである。とくに社会科では，日本国憲法の基本的な考え方，法やきまりの存在意義，裁判員制度，模擬裁判，交通ルール，地域のルール等，児童の日常生活や身近な問題に関する内容や，インターネット・SNSに関する内容，人権・いじめに関する内容等，多岐にわたる内容で実践され，学校によっては，法律家や関係機関と連携しながら授業実践を行っている学校もある（法務省，2012: 5）。

(3) きまり（法）に関する幼稚園における実践

　現在わが国の幼稚園においても，幼稚園教育要領に基づいて，子どもたちの発達段階に応じて，きまり（法）に関する教育が実践されている。幼稚園教育要領解説の第2章「ねらい及び内容」の人間関係の「内容の取扱い」の(5)では，「集団の生活を通して，幼児が人との関わりを深め，規範意識の芽生えが培われることを考慮し，幼児が教師との信頼関係に支えられて自己を発揮する中で，互いに思いを主張し，折り合いを付ける体験をし，きまりの必要性などに気付き，自分の気持ちを調整する力が育つようにすること」（文部科学省，2018a: 190）と示されている。

　さらに幼稚園教育要領解説によれば，規範意識の芽生えとは，「友達と様々な体験を重ねる中で，してよいことや悪いことが分かり，自分の行動を振り返ったり，友達の気持ちに共感したりし，相手の立場に立って行動するようになる。また，きまりを守る必要性が分かり，自分の気持ちを調整し，友達と折

り合いを付けながら，きまりをつくったり，守ったりするようになる」（文部科学省, 2018a: 60）ことが示されている。

とくに5歳児の幼児たちは，自己主張をすることはできても，自己抑制に欠け，自分の気持ちを調整する力がまだ育っていない。友だちとの折り合いをつける体験を重ねていくたびに，自分はどうしたらよいのかという機会をもつことで，気持ちを調整しながら活動を進めていく時期である。遊びを通して，順番を守る，譲り合う，交代するなどのきまりやルールを守れるようになる場面を設定し，きまりやルールを守らなかったために起きたトラブルに対しては，できるだけ子どもたち同士で解決するように促し，場合によっては教師が仲立ちし，どうすればよいか，子どもたちで考える機会をもたせることが必要である。

このような5歳児における発達段階を考慮して構想した「かるた遊び」を実際の幼稚園で実践することができた。法教育のスタートとなる5歳児においては，きまりやルールの必要性，規範意識の芽生えをいかに育成することができるのかがテーマとなる。実際の場面では，幼児主体の実践を行うため，幼児たちに自分たち自身で役割を決めさせ，トラブルになったときに教師は，幼児たちに自分たち自身で解決できるような支援を行った（表1を参照）。

表1　本時の活動「かるた遊び」（5歳児対象）

時間（分）	5歳児の主な活動	指導上の留意点と発問	環境構成と準備物
15	1. かるた遊びを始める ・4～5人のグループで集まる ・読み手を決める ・かるたで遊ぶ	・各自の思いが出しやすいように，本時はあらかじめ決まっている生活グループでかるたをすることを伝える ・読み手の決め方は，各グループに任せるようにするが，なかなか決まらない場合は，教師が仲介しながらできるだけ幼児の話し合いを尊重して決める ・トラブルが起きた場合は見守り，子どもたち同士で解決できるようにする	・1グループに1組のかるたを用意する ・グループごとにござシートを広げて丸くなって座る

グループごとにかるた遊びを進める		
10	2. かるた遊びについてみんなで振り返りをする ・楽しかったことや面白かったことを発表する ・友だちの思いを知ったり共感したりする ・困ったことや嫌な気持ちだったことを発表する 例：「お手付きをした」 「同じ幼児ばかりが札を取った」 「身を乗り出していた」等	・勝敗や順位だけでなく，遊びの中で味わったいろいろな気持ちについて言葉で表現できるようにしていく ・「にこにこウサギ」カードを示しながら，友だちの気持ちに気づかせていく ・困ったり嫌だったりしたときの気持ちを2枚のカードを示しながら受け止めていくことで聞いている5歳児にも友だちの気持ちが伝わるようにする ・特定の5歳児の気持ちだけを聞くのではなく，必ず相手や周囲の幼児の気持ちも聞いて全員で共有する	「にこにこウサギ」カード 「しくしくウサギ」カード 「ぷんぷんウサギ」カード 上記3つのカードをそのときの気持ちに合わせて示していく
5	3. 解決策を考える ・場面ごとにルールを決める	・お互いの気持ちを理解したうえで，どのようにしたらよいかを考えるように促す ・5歳児をしっかりと認め他の幼児にも気づかせていく	
10	4. まとめをする ・子どもたちのかるた遊びのルールを決める	・ルールを決め守ることで，みんなが「にこにこウサギ」カードを示すようになっていくことに気づかせていく ・トラブルになっている場面では，ウサギカードを見せながら今互いの心の中はどうなっているのかに気づかせ，ルールを再確認するように促す ・自分たちの考えを出してルールを決め遊ぶことができたことを認め評価する ・ルールを守ることの気持ちよさを味わわせる 〈ルール〉 ①かるたを読んでいる人のカードを見ない ②同時にカードを取った場合は，かるたに手がついている部分が大きい人が勝ち ③どちらが取っているかわからないとき，他の人もわからないときは，じゃんけんをして決める	

出所：二階堂・合原（2022）より筆者引用

(4) 本実践の意義

　本実践において，教師は子どもたちが互いの気持ちを理解したうえでどのようにしたらよいか解決策を考えさせるように促し，場面ごとにルールを決めさせている。その際，相手を思いやる言動ができている幼児を教師はしっかり認め，他の幼児にも気づかせている。

　また，このかるた遊びをすることで重要なことは，ルールを守ることが目的になってしまわないことである。遊びは幼児たちにとって最も基本的な活動であり，幼児のさまざまな側面の発達を促すものである。幼児は遊びの中で人生において必要なさまざまな能力の練習をし，遊びの中で培われた能力を日常生活の中で実践している。また，実践されることによってより頑強になった能力は，再び遊びの中へ戻り，より発展した遊びを幼児にさせることになるからである。

　幼児たちは遊びの中で，互いに自分の考えを出し合ううちに，さまざまな考え方があるということを知り，それを理解したうえでその考え方を受け入れたり，自分とは異なる考えでも尊重したりしながら，さらに意見を確立するという規範意識の芽生えがなされることを可能にすることができるのである。

　本実践の意義については，5歳児段階でのきまりに関する集団における幼児同士の相互作用，教師の支援から，集団レベルでなく，個々の幼児の意識までをも考慮した指導を実践することによる規範の意識づけである。

　本指導では3つのウサギカードを取り入れることにより，幼児たちの意思表示が視覚化され，相手方に理解しやすいように，また明確に意思を伝えることのできるように工夫した。普段の幼児の遊びの中で，つい見過ごされてしまいそうな思いや，言葉でやり過ごすといったことのないようにするためである。また自分の意思をはっきりと伝えることが困難な幼児もこのカードを使用することによって，今の自分自身の思いを相手に伝えることができるのである。

　また，教師による指導に関しては，一方的に教え込むのではなく，できるだけ幼児たちに考えさせるように支援を行い，ルールを守りながら遊びを進めていくことで，どうしたらみんなが楽しく遊べるのかを考える手助けを行うようにする。幼児たちは遊びの中で，互いに自分の考えを出し合ううちに，さまざ

まな考え方があるということを知り，それを理解したうえでその考え方を受け入れたり，自分とは異なる考えでも尊重したりしながら，さらにルールを確立するという規範意識の芽生えがなされることを可能にすることができるのである。

　これらの過程を通して，遊びのルールやトラブルの解決に対して共同して取り組むことのできる力を育むことが可能になり，5歳段階における規範意識の醸成といった点における役割は果たせるのではないかと考える。

　今後は，幼児期に育つ力が，小学校においてどのように発揮されていくのかを，保育者が見通して，保育を実践することが大切になってくるだろう。

おわりに——小学校教育とのつながり

　幼児期における法教育は小学校教育とどのようにつながるのだろうか。道徳の学習指導要領では内容項目の1つに「規則の尊重」がある。指導要領の解説によると，この項目は「生活する上で必要な約束や法，きまりの意義を理解し，それらを守るとともに自他の権利を大切にし，義務を果たすことに関する」（文部科学省，2018b: 30）ものである。また，第1学年および第2学年の指導の要点では「身近な約束やきまりを取り上げ，それらはみんなが気持ちよく安心して過ごすためにあることを理解し，しっかりと守ろうとする意欲や態度を育てることが大切である」（文部科学省，2018b: 51）と述べられている。

　実践例として示したかるた遊びでは，子どもたちがルールを守ることの気持ちよさを味わうことができるような手立てが講じられている。子どもたちは，かるた遊びを通じて，きまりを守ることの大切さを学んでおり，このような経験はきまりを守ろうとする意欲や態度の育成を大いに助けるであろう。

　また，小学校以降の子どもにとって身近なきまりの1つに校則がある。校則とは安全かつ快適な学校生活を実現するための法であり，児童生徒はそれを守ることが求められる。しかしながら，校則の中には，その存在意義やその効果がはっきりしないものもあるという（荻上・内田，2018）。こうした校則はかえって児童生徒を苦しめることになり，誰もが気持ちよく過ごすことのできる学校

生活の実現を妨げてしまう。

　必要なことは，ただ校則を守るだけではなく，その意義を問い，そしてそれをよりよいものへと，言い換えれば，より全体の幸福を追求するものへとつくり変えていこうとすることである。これは民主主義社会を担う市民としても必要不可欠な能力であり，道徳教育のみならず，シティズンシップ教育としても意義あるものだといえよう。先の実践では，子どもたちがより楽しくゲームに参加できるようなきまりを新たに考えており，このような法をつくる経験は小学校以降の学校生活においても活かされるであろう。

> ◆学習課題
> 　なぜ法教育はシティズンシップ教育の1つとみなすことができるのか，まとめてみよう。

引用・参考文献

江口勇治編（2003）『世界の法教育』．現代人文社．

荻上チキ・内田良編著（2018）『ブラック校則――理不尽な苦しみの現実』．東洋館出版社．

片山勝茂（2007）「多文化社会と市民性の育成」，江原武一・山﨑高哉著『基礎教育学』．放送大学教育振興会，91-102．

唐木清志・岡田泰孝・杉浦真理・川中大輔監修（2015）『シティズンシップ教育で創る学校の未来』．東洋館出版社．

岐阜県総合教育センター（2016）「主権者教育・法教育」．https://www.gifu-net.ed.jp/ggec/syukensya_edu/（最終閲覧2022年12月28日）．

クリック，B.著，関口正司監訳（2011）『シティズンシップ教育論――政治哲学と市民』．法政大学出版局．

河野哲也（2018）『じぶんで考えじぶんで話せるこどもを育てる哲学レッスン』．河出書房新社．

小玉重夫（2003）『シティズンシップの教育思想』．白澤社．

小玉重夫（2016）『教育政治学を拓く――18歳選挙権の時代を見すえて』．勁草書房．

二階堂年惠・合原晶子（2022）「アプローチ期における規範意識育成の実践報告」．広島文化学園大学大学院教育学研究科『子ども学論集』第8号，11-21．

日本社会科教育学会編（2000）『社会科教育学辞典』．ぎょうせい．

ビースタ，G.著，上野正道・藤井佳世・中村（新井）清二訳（2014）『民主主義を学習する
　　──教育・生涯教育・シティズンシップ』．勁草書房．

古川雄嗣（2021）「『重なり合う合意』としての共和主義──シティズンシップ教育のための
　　試論」．青木栄一・丸山英樹・下司晶・濱中淳子・仁平典宏・石井英真編『教育学年報12
　　国家』．世織書房，111-134.

法教育研究会（2004）『我が国における法教育の普及・発展を目指して──新たな時代の自
　　由かつ公正な社会の担い手をはぐくむために』．法務省大臣官房司法法制部司法法制課．

法務省（2012）『「小学校における法教育の実践状況に関する調査研究」報告書』．

文部科学省（2018a）『幼稚園教育要領解説（平成30年3月）』．フレーベル館．

文部科学省（2018b）『小学校学習指導要領解説（平成29年告示）　特別の教科道徳編』．廣
　　済堂あかつき．

全国法教育ネットワーク編著（2001）『法教育の可能性──学校教育における理論と実践』．
　　現代人文社．

第8章

子どもとことば

野々村憲

1. 子どものことばの発達

(1) 子どもが初めてことばを話すための要件

　この世に生まれた子どもが初めてことばを話すための要件とは何であろうか。それは，子どもの身体が成熟したかどうかという成熟度にあるといえる。身体の成熟の中でも，とくに脳の成熟度が重要である。

　人間の脳の多様な機能の中には，ことばを司るところがあり，それは「言語中枢」と呼ばれている。言語中枢には，感覚性言語中枢（ウェルニッケ中枢）と運動性言語中枢（ブローカー中枢）の2つがある。ことばの意味を理解し，覚える機能を司るのが感覚性言語中枢であり，ことばを話すための機能を司るのが運動性言語中枢である。この2つの言語中枢の機能が成熟することによって，初めて子どもはことばを話すことが可能になるのである。

　脳の成熟とともに，身体，とりわけ発声や聴覚等の機能も発達しなければならないことはいうまでもない。しかし，脳の成熟と発声や聴覚といった身体の成熟との間には，普通6か月くらいの差があるといわれる。

　生後まもない子どもは，まず発声や聴覚といった身体の機能が成熟する。しかし，脳が未成熟なために，ことばを理解することも発声することもできない。やがて身体の機能の成熟に，脳の言語中枢の成熟が追いついたとき，初めて子どもはことばを話すことができるようになるのである。発声や聴覚といった身体の成熟から脳の成熟に至るまでの6か月間は，子どもにとって，ことばを話すための準備期間であると考えられている。

(2) 子どもがことばを話すための準備期間

　生後3か月目までの子どもにとっての世界は，子どもと目の前の対象（母親）との関係（保育学では「二項関係」と呼ぶ）だけの世界である。

　とくに生後4週間目までの新生児は，聴覚器官（耳）が先に成熟する。新生児は生まれながらにして言語音とそうでない音を聞き分ける力をもっているといわれ，人間の話し声に反応して，さかんに体を動かそうとする。聴覚器官の成熟に対し，視覚器官（目）は未成熟であるが，それでも大人の話すときの舌出しや口の開閉の動きを見て，そのまねをしようとする。この動きは学習により習得したものではなく，本能的な動きであり，共鳴動作と呼ばれる。

　生後3，4か月頃になると子どもの世界は飛躍的な広がりを見せる。それまで目の前の対象（母親）のみの関係であった子どもは，目の前の対象（母親）以外の対象も積極的に見ようとする機能が働くようになる。このような第三者とかかわることができる関係（保育学では「三項関係」と呼ぶ）の確立により，子どものコミュニケーションの世界は飛躍的に広がる。

　3，4か月頃の子どもはまだことばを話さないが，喃語を発声するようになる。喃語とは，乳児がことばを獲得する以前に発する意味のない発声である。最初は「あーうー」など母音を主体とした単純な発声であるが，成長とともに「だぁだぁ」「ばぶばぶ」などの子音を含むような複雑な発声もできるようになる。喃語はことば以前の発声ではあるが，その後に，ことばを話すための基盤となる大切な発声トレーニングであると考えられている。

(3) 子どものことばの誕生と発達

　満1歳頃になると，子どもは初めてことばを発するようになる。子どもが生まれて初めて発することばは初語と呼ばれる。生まれて初めて話す初語は，子どもが相手と会話したいという強い思いによって自然に発せられるものである。

　初語は子どもが話す有意味語であり，1単語で発声されるので，一語文とも呼ばれる。子どもに初語が発現してから約6か月間，この一語文の時期が続く。

　2歳近くになると，子どもは「わんわん・きた」「ママ・こっち」のように，一語文と一語文を結合させることを覚える。これを二語文と呼ぶ。この頃の子どもは「これ・なに？」という二語文でさかんに質問をし，物の名前を知りたがる。この質問による大人とのやり取りを通して子どもの語数は急増していく。

　2歳半頃になると，子どもの二語文は，しだいに三語文，四語文というような多語文となり，次第に長い文が話せるようになる。この頃の子どもは「どうして？」ということばでさかんに質問をする。物の名前を知りたがる質問期とは異なり，物事の原因や理由を知りたがるのである。

　3歳から4歳になると，子どもの話す文は，「そして」「だから」などの接続詞を使って文と文を結合させることで，さらに長い文章を発話するようになる。文章としてのストーリーを話す能力がつき始めると，環境設定を工夫することによって，子どもはごっこ遊びを楽しむことができるようになる。

　4歳から6歳にかけて，子どもの母語習得は一応の達成期を迎える。小学校入学前ともなると，子どもの語彙や表現力はいっそう豊かになって，大人びたことばを使うようになり，文字や数への興味・関心も大きくなってくる。

2.　子どものことばの発達を促すために

(1)　子どもの内言を育み，思考力や想像力を高めよう

　人間のことばは，人と人とのやり取り，すなわちコミュニケーションのための道具として存在するものであるが，同時に思考の道具としての役割も担っている。ことばの量が増えるにつれ，コミュニケーション能力が高まるのは当然だが，同時に人間の内面における思考力や想像力も高まっていくのである。

　ヴィゴツキー（Vygotsky, L. S., 1896-1934）は，外に向かい，人に伝達するための道具として働くことばを「外言」，人の内面で，思考するための道具として働くことばを「内言」と呼んだ。

　ヴィゴツキーは，大人は外言と内言を併用できるが，子どもは最初から外言

と内言を併用できるわけではなく，子どもが最初に習得するのは外言であり，やがて成長とともに外言から内言が分化していくと捉えた。子どもの幼児期は，いわば外言から内言への過渡期であり，その過渡期には，音声を伴う内言としての自己中心語，すなわち「独り言」が発せられ，この独り言の音声部分が消滅するにつれて，内言が確立していくと主張した。それでは，この内言は子どもの成長のどの段階で形成されるのであろうか。ヴィゴツキーは次のように述べている。

　　われわれは，内言過程は学齢期のほぼ最初の段階の子どもにおいて形成されると結論することができよう。そして，これは学齢期における自己中心的ことばの係数の急速な低下を理由づけるものとなろう。

（ヴィゴツキー，2001: 63）

　今後AI（人工知能）がさらに発達するであろう未来の社会を生きるために，私たち人間に求められる重要な能力は思考力や想像力ではないだろうか。その思考力や想像力を子どもの頃から高めていくことが大切であり，そのためには子どもの内言を育むことが肝要である。内言を育むためには，乳幼児期における絵本やお話の読み聞かせが重要である。絵本やお話を耳で聴き，そのお話の世界を楽しみながら自分の思考力や想像力をふくらませていくことが大切である。

　こうして絵本やお話を聴く楽しさを味わった子どもであれば，やがて文字が読めるようになると，自ら本を読むという読書体験につながるものである。本を読むという行為において，内言が十分に発達していない子どもは，はじめのうち黙って本を読むことができないものである。内言が成熟するまでは，子どもに本の朗読をさせるのがよい。声に出す朗読から，やがて内言の成熟により，子どもは黙読ができるようになる。このようにして，大人が子どもの読書習慣を定着させていくことは，子どもの内言を育み，思考力や想像力を高めるために大切なことである。

(2) 一次的ことば・二次的ことばの発達を促そう

　子どもの話しことばの特徴として，生活をともにし，共有の経験を積み重ねてきた特定の親しい人との間において，具体的な現実の場面についてのことばが交わされるということがあげられる。そのとき，その場にいる人にしか伝わらないような目の前の文脈に頼ることばを話すのである。

　やがて，子どもは幼児期から児童期へと成長するにつれ，このような「文脈に依存したことば」だけでなく，そのとき，その場にいない人にも伝わるような「文脈から独立したことば」を話すようになる。

　岡本夏木は，このような文脈に依存したことばを「一次的ことば」，文脈から独立したことばを「二次的ことば」と命名し，その特徴を表1のようにまとめた。

　一次的ことばを獲得した子どもが，成長に伴い二次的ことばを獲得すると，一次的ことばは消滅してしまうわけではなく，両者はそれぞれに発展し，お互いに影響を及ぼしながら併存していく，と岡本は主張する。

　一次的ことばは以後，子どもが獲得する二次的ことばの基盤となる大切なことばであるから，乳幼児期の子どもは一次的ことばを豊かに育めるよう，大人が支援していくことは重要なことである。

　乳幼児期の世界は一次的ことばだけの世界である。この時期に一次的ことばを豊かに成熟させていくことができるよう，身近な大人が子どもに話しかけるコミュニケーションが重要である。

　幼児期から児童期は一次的ことばから二次的ことばへの移行期であるから，

表1　一次的ことばと二次的ことばの特徴

コミュニケーションの形態	一次的ことば	二次的ことば
（状　　　況）	具体的現実場面	現実を離れた場面
（成立の文脈）	ことばプラス状況文脈	ことばの文脈
（対　　　象）	少数の親しい特定者	不特定の一般者
（展　　　開）	会話式の相互交渉	一方向的自己設計
（媒　　　体）	話しことば	話しことば・書きことば

出所：岡本（1985: 52）

身近な大人は子どもの日常のことば遣いを注意深く観察することにより，一次的ことばから二次的ことばへの発達を見据えた適切な指導や援助にあたることが肝要である。

(3) 子どもにことばを使う機会を与え，ことばの量を増やそう

「いつまでたってもことばが上手に話せない」と，自分の子どものことばの発達の遅れを心配している親は非常に多いものである。子どもの知能の発達が，ことばを指標として測られることが多いために，ことばの遅れが知能の発達の遅れだと考えられやすいからであろう。子どものことばの発達と知能の発達との間には確かに相関関係がある。しかし，どの程度の相関関係があるのかは明確になっていない。実際，ことばの発達は遅れていても，図形認識など，別の知的発達が顕著に見られる子どももいる。だから，ことばの発達が，そのまま知能の発達を示しているわけではない。けれども，ことばの発達が知能の発達の重要分野であることは間違いのない事実である。

子どものことばの発達を促すために，どのようなことが大切であろうか。

最も大切なことは，子どもに「ことばを使う機会を多く与える」ということである。乳児期の子どもに対して，さかんに話しかけている母親の姿をよく見かける。母親が子どもに話しかけることは大切なことであるが，子どもが乳児期を過ぎ幼児期に入っても，そのままの姿勢を保っている母親は多いものである。幼児期に入ると，母親の話しかけに対して，子どもが「応答する」という生活が望ましくなる。それにもかかわらず，母親がいつまでも「こうなのでしょう」というように，自分から先に子どもの言いたいことを話すのは，子どもに話す機会を多く与えることにつながらないものである。子どものことばの発達を促すためには，親が子どもに対して，「何事もことばで表現させるように工夫する」ことこそ，最も大切なことである。

次に大切なことは，子どものことばの量を増やすための工夫である。最近の子どもは，楽しいことや悲しいことがあると，何でも「すごい」という一言で済ませてしまう傾向がある。これは，子どもの頭の中に「ことばの量」が少ないからである。ことばの量が増えれば，子どもの表現はより豊かなものにな

るはずである。子どものことばの量を増やすためには，大人が子どもに本を読み聞かせるという習慣をもつことが大切である。読み聞かせの目的はさまざまであるが，その中の重要な目的の一つとして，ことばの量を増やし，ことばの使い方を覚えさせるということがある。毎日繰り返し行われる読み聞かせの時間があれば，自然に本というものに興味をもつようになるはずであり，その興味がのちのち，読書という生活習慣が生まれるための素地になるのである。

(4) 子どものこころをくぐりぬけたことばを育てよう

　子どもの成長，とくに，こころの成長にとって，自然とのふれあいはとても大切な体験である。子どもが鍛えられ成長していくために，自然がいかに大切なものであるかということをルソー（Rousseau, J. J., 1712-1778）は次のように述べている。

　　自然を観察するがいい。そして自然が示してくれる道を行くがいい。自然はたえず子どもに試練をあたえる。あらゆる試練によって子どもの体質をきたえる。
　　　　　　　　　　　　　　　　　　　　　　　　　　　　　　　（ルソー, 1962: 52）

　子どもは自然とふれあうことにより，こころを動かされ感性を磨いていく。自然とのふれあいは，なぜ感性を磨くことにつながるのであろうか。それは，自然の中で子どもが実際にからだを動かし，からだ全体を使って五感を研ぎ澄ますからである。このように感性や感情を豊かにしていくことで，子どものこころを揺さぶる感動が生まれる。そして，この感動体験から子どものこころをくぐりぬけたことばが生まれてくるのである。
　自然との直接体験を通してことばを身につけることは，子どもにとって自然な成長である。しかし，現代社会においては，都市化の進展に伴う自然の減少や子どもをめぐって多発する事件に対する警戒などから，子どもの自然とのふれあいが減少している。また，現代のような高度情報化社会においては，実際の自然体験によることばの成長を遂げる前に，テレビ，インターネット等の情報メディアを通して，たくさんのことばや知識，情報が否応なしに子どもの目

や耳から入ってくる。このような社会環境の影響により，最近の子どものこと
ば遣いには大きな変化が見られる。すなわち，大人のような理屈をこねたり，
口ではわかっているようなことを言っているが，実際は，頭で考えることが先
行し，こころが伴わないようなことばを話しているといった実態が見られるの
である。

　現代の子どもが，このような社会環境の影響をまったく受けないというわけ
にはいかないが，私たちは今一度，自然とのふれあいの大切さを見直し，子ど
もに自然とのふれあいを通した生活体験を実践させることで，子どものこころ
をくぐりぬけたことばを育てたいものである。

3. 子どものことばの発達と情報メディア環境

(1) スマートフォン育児とことばの発達

　現代社会においては，情報通信機器の発展に伴い，スマートフォン（以下，
スマホ）やタブレット端末が急速に普及し，それらを子どもの育児に利用する
ということが増えている。

　具体的には次のような事例がある。

　・情報通信端末を乳幼児に渡して遊ばせておく
　・しつけや知育用のアプリを利用する
　・親がスマホを操作しながら育児する

　このような情報端末を利用した育児は，「スマホ育児」「スマホ子守」「スマ
ホ子育て」と呼ばれることもある。また，情報端末を利用した育児のマイナス
面を捉えたことばとして，「スマ放置」ということばも登場している。

　社会にスマホが普及し，子育てに関するアプリが充実してきたうえに，スマ
ホを育児で活用する方法もSNS等で拡散される中，スマホ育児を行う親は着々
と増えているように見える。もちろん活用の程度の差には個人差があるが，ぐ

ずる赤ちゃんにスマホを渡したり，育児用のアプリを使ったりする家庭は今や
珍しくなくなっている。

　しかしスマホ等の情報端末は，有効に活用すれば効果的なツールとなるが，
便利な分，依存性や中毒性が高いものであるため，メリット・デメリットを
しっかりと意識した活用が求められる。

　スマホを赤ちゃんに与えることで多忙な母親の育児負担を軽減することがで
きるし，母親がスマホを上手に活用することで効果的な育児情報を得ることも
できる。また教育的効果の高い学習用アプリも多々存在しており，それらを有
効に活用することで子どもの学習能力の向上も期待できる。

　一方，過度なスマホ依存に陥ると，子育てよりスマホを優先してしまい，赤
ちゃんへの無関心やネグレクトのリスクが高くなるといわれている。このよう
な無関心やネグレクトの傾向は赤ちゃんの愛着障害を招く原因になることがわ
かっており，愛着障害は乳幼児期以降の人間関係や社会生活に重要な影響を与
える要因となるので注意が必要である。

　スマホ育児に関しては，日本産婦人科医会と日本小児科医会は連名で，「ス
マホに子守りをさせないで！」というポスターを作成し，社会への提言を行っ
ており，この中で子育てについての有益な示唆が示されている。このポスター
で，両医会はスマホ子守をめぐる望ましい子育てと望ましくない子育てについ
て，以下のような提言を行っている。

　望ましい子育て
・赤ちゃんと目と目を合わせ，語りかけることで赤ちゃんの安心感と親子
　の愛着が育まれます。
・親子が同じものに向き合って過ごす絵本の読み聞かせは，親子がともに
　育つ大切な時間です。
・散歩や外遊びなどで親と一緒に過ごすことは子どもの体力・運動能力そ
　して五感や共感力を育みます。
　望ましくない子育て
・ムズかる赤ちゃんに，子育てアプリの画面で応えることは，赤ちゃんの
　育ちを歪める可能性があります。

・親も子どももメディア機器接触時間のコントロールが大事です。親子の
　会話や体験を共有する時間が奪われてしまいます。
・親がスマホに夢中で，赤ちゃんの興味・関心を無視しています。赤ちゃ
　んの安全に気配りができていません。

（日本小児科医会「スマホに子守りをさせないで！」ポスター）

　スマホ育児は子どもの感情やことばの発達に影響を与えるということを認識し
たうえで，スマホ育児の功罪をきちんと理解し，育児に役立てたいものである。

(2) テレビ・ビデオ視聴とことばの発達

　現代は，情報技術の進展に伴い，メディア機器やシステムは急速な勢いで発
展し普及している。これからもメディアは発展し多様化し，そのメディアとの
長時間に及ぶ接触が進行することが考えられる。それとともに，メディアとの
長時間に及ぶ接触は，子どもの心身の発達に大きな影響を及ぼすことが懸念さ
れる。
　近年，乳幼児のテレビ・ビデオ視聴が，ことばやコミュニケーションの発達
に大きな影響を及ぼすことがわかってきた。日本小児科学会こどもの生活環境
改善委員会は，1歳半の子どもの親を対象とし，子どものテレビやビデオの視
聴とことばの発達について調査した。
　調査の結果，テレビやビデオの長時間視聴がことばの出現の遅れと関係があ
ること，とくにテレビ視聴時に親子の会話が少ない家庭の長時間視聴児で，こ
とばの出現が遅れる率が高いこと，このようなテレビやビデオの影響に，ほと
んどの親が気づいていないことが示された。
　このような結果をもとにして，委員会では次のような6つの提言をしている。

提言
1　2歳以下の子どもには，テレビ・ビデオを長時間見せないようにしま
　しょう。内容や見方によらず，長時間視聴児は言語発達が遅れる危険性
　が高まります。

2　テレビはつけっぱなしにせず，見たら消しましょう。

3　乳幼児にテレビ・ビデオを1人で見せないようにしましょう。見せるときは親も一緒に歌ったり，子どもの問いかけに応えることが大切です。

4　授乳中や食事中はテレビをつけないようにしましょう。

5　乳幼児にもテレビの適切な使い方を身につけさせましょう。見おわったら消すこと。ビデオは続けて反復視聴しないこと。

6　子ども部屋にはテレビ・ビデオを置かないようにしましょう。

（日本小児科学会こどもの生活環境改善委員会, 2004）

　インターネットや携帯電話の普及に伴い，家庭での親子の会話も少なくなり，言語の発達に問題をもつ子どもが増えている。今後もこの傾向は増加していくのではないかと危惧される。乳幼児期はことばの発達に重要な時期であるので，親や社会は，テレビ・ビデオ視聴の子どもへの影響について，認識を新たにし，対処を考え実行していく必要がある。

おわりに——子どもの理解を総合的に捉えることの大切さ

　「人間を理解する」ということは大変難しい課題であるが，それは，私たちが生きていくうえで最も崇高な課題であるともいえるのではないだろうか。同様に「子どもを理解する」という課題も難問であり，かつ重要な課題であろう。

　かつての子どもは，家庭，学校，地域という場での多様な体験を通して成長を遂げた。このような発達過程においては，暦年齢の変化に対応した明確な発達段階が存在していた。しかし，社会環境の変化に伴い，暦年齢の変化に対応した発達段階が曖昧になっているという現状がある。子どもを取り巻く状況は大きく変化し，発達段階はボーダレス化しているのである。

　このような背景から，子どもを理解し，子どものことばの発達を理解するにあたり，既存の学問分野の確立された見識だけで理解しようとするのは困難を

極めることになるのではないだろうか。子どもの理解，子どものことばの発達への理解を深めるためには，既存の学問分野の見識だけにとらわれることなく，幅広い学問分野を通して総合的に子どもを理解しようとする姿勢が大切であろう。

◆学習課題

　子どもの内言を育み，思考力や想像力を高めるために効果的だと考えられる子どもの「絵本」や「お話」を教材として探し出し，実際の子どもの保育・教育の場面を想定して，「絵本」や「お話」の具体的な活用法を考えてみよう。

引用・参考文献

ヴィゴツキー，L. S. 著，柴田義松訳（2001）『思考と言語 新訳版』．新読書社．

岡本夏木（1985）『ことばと発達』．岩波新書．

神鳥武彦（1971）『ことばの生態学』．東京堂出版．

日本小児科医会 「スマホに子守りをさせないで！」ポスター．https://www.jpa-web.org/dcms_media/other/smh_poster_02.pdf（最終閲覧2022年12月22日）．

日本小児科学会こどもの生活環境改善委員会（2004）「乳幼児のテレビ・ビデオ長時間視聴は危険です」．『日本小児科学会雑誌』第108巻第4号．https://www.jpeds.or.jp/uploads/files/20040401_TV_teigen.pdf（最終閲覧2022年12月22日）．

ルソー，J. J. 著，今野一雄訳（1962）『エミール 上』．岩波文庫．

第9章
子どもと外国語

山内優佳

はじめに

　外国語の学習方法について，「赤ちゃんのように学ぶ」ことは可能だろうか。答えは「ほぼ不可能」である。乳幼児の母語獲得と，子どもや大人の外国語学習にはいくつも大きな違いがある。第一に，その目的である。生きるために必須の母語に対して，学ばずとも生活することが可能な外国語では，緊急性を大きく異にする。第二に，言語環境である。一言も発することができないにもかかわらず，周囲の人が話しかけ続ける環境は乳児だからこそといえる。第三に，知的な発達である。ある程度成長した子どもや大人の認知的な発達段階や，世界に関する知識（たとえば，目の前にいる生き物は「犬」である，春には桜が咲くなどの知識）の量や，抽象的な概念の理解度は，乳幼児のそれとはまったく異なる。

　言語を学ぶ目的，環境，知的な発達を考慮すれば，赤ちゃんのような学びを外国語学習に応用することが「ほぼ不可能」であることは明らかである。さらには，リスニングと発音の練習に数年を費やす乳幼児の学習方法が，外国語を学ぶ子どもや大人にとって効率的なのかも，疑問に思えるだろう。

　本章では，子どもの言語環境や外国語に関する教育制度を概観し，英語に焦点を当て，指導内容および指導方法について概説する。

1.　子どもを取り巻く言語環境と制度

(1)　子どもの日常の言語環境

　日本に暮らす私たちにとって，英語は外国語である。「外国語」として学ぶ英語は，English as a Foreign Language（EFL）と称され，日本はEFL環境といわれる。それに対して，英語が生活に必須の言語環境も存在する。たとえば，アメリカやイギリスなど，英語を第一言語とする国や，第一言語とは別に公用語として英語を使う国や地域である。これらの国や地域は，社会的に必要とされる英語を「第二言語」として学ぶ，English as a Second Language（ESL）環境である。

　この区別は，英語教育において重要な観点である。ESL環境では，赤ちゃんが学ぶような英語学習が可能かもしれない。コミュニケーションには文脈が伴う。すなわち，子どもがある単語や表現，文に出会うとき，そこにはコミュニケーションの場所，相手，目的があり，ESL環境では文脈を伴ったコミュニケーションの場がごく身近に存在する。一方で，EFL環境においては，子どもたちは日常的に英語に触れる機会がほとんどない。

　人間が使用することばは，大きく，音声言語と文字言語に分けられる。世界には文字をもたない言語が存在するが，音声をもたない言語は存在しない。乳幼児は，音声を聞くことから言語使用が始まり，その後，発話が始まり，読み書きができるようになる。十分な受容を経たのち，産出が行われる。この点において，子どもの英語学習は第一言語の学びに類似しており，聞く活動が第一に行われる。

　元来，音声言語は日常生活で使用され，本質的に相互交流（interaction）を

表1　言語のモードの分類

	音声言語	文字言語
受容の技能	聞くこと	読むこと
産出の技能	話すこと	書くこと

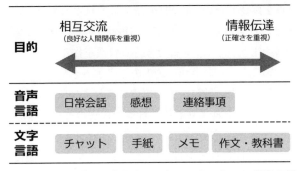

図1　現代の子どもが遭遇するコミュニケーション場面の例

目的とされることが多かった。子どもの生活圏で具体例をあげると，家族や友人との日常会話において，挨拶をしたり，日常の出来事を伝えたり，感想を伝えたりする場面が考えられる。一方で，文字言語は公的な書類や，学業の場面で使用され，情報伝達（transaction）を目的としてされることが多かった。子どもに身近な具体例としては，教科書や子ども向けの新聞記事を読んだり，メモや作文を書いたりする場面がある。

　上記のように，従来は，音声と文字の区別は，場面の区別（日常 vs. 公的またはアカデミックな場面）とおおむね一致していたが，現代ではこの線引きがよりグレーになっている。音声言語は授業内の学習言語能力としても重要で，文字言語はくだけた生活言語にも頻繁に使用される（図1）。

　また，外国語を授業で学ぶという場面自体にも注意が必要である。文字言語が主流となりうる授業場面において，日常生活の場面で使用される音声言語を学ぶことは，ある種のねじれともいえる。今後も，時代やコミュニケーションツールがさらに変化する中で，私たちは，子どもたちの言語使用の目的，場面や状況により敏感になる必要がある。授業内において，現実のコミュニケーション場面を取り入れることにより，言語活動の真正性を高めることができよう。

(2) 日本の初等・中等教育における英語の取り扱い

　日本の教育課程における英語の取り扱いを説明するにあたり，一般的に誤解

されやすい2点を確認したい。1つ目の誤解は，日本の英語教育が文法訳読式に偏っているというものである。1947（昭和22）年学習指導要領（試案）では，英語教育の目標として，「一．英語で考える習慣を作ること。二．英語の聴き方と話し方を学ぶこと。三．英語の読み方と書き方を学ぶこと。四．英語を話す国民について知ること，特に，その風俗習慣および日常生活について知ること」が示されていた。それよりも昔，日本で最初の英語指導が行われた19世紀はじめにも，音声言語重視の指導が行われていたという。

　2つ目は，「英語」は教科名ではないということである。制度上，教科名は「外国語」である。中学校学習指導要領，第3章「指導計画の作成と内容の取扱い」において「外国語科においては，英語を履修させることを原則とすること」と定められており，それに準じて，小学校外国語科および外国語活動においても英語を取り扱うことが原則とされている。なお，「外国語」は長く選択科目として扱われており，1998（平成10）年の学習指導要領改訂で必修の教科となった。

　小学校において，全国的に英語が指導されるようになった転機も，1998（平成10）年の学習指導要領改訂である。新たに設定された領域「総合的な学習の時間」が，国際理解，情報，環境，福祉・健康などを横断的・総合的に扱う学びをスタートしたことをきっかけに，全国の小学校の多くが，国際理解教育の一環として英会話を行うようになった（「英語活動」と称されることが多かった）。「小学校英語活動実施状況調査（平成19年度）」によると，全国の2万を超える小学校のうちの97.1％が，総合的な学習の時間や特別活動などの時間において英語活動を行っていた。6年生を例にとると，年間平均15.9時間が充てられ，「歌やゲームなど英語に親しむ活動」や，「簡単な英会話（挨拶，自己紹介）の練習」が行われていることが多かった。

　英語活動が実質的に全国ほとんどすべての小学校で行われるようになり，生じた問題がある。それは，各小学校の学習内容が大きく異なるということである。

　学校間の差を是正する目的もあり，2008（平成20）年版学習指導要領では，高学年を対象に年間35時間の「外国語活動」が導入され，2017（平成29）年版学習指導要領では，高学年に年間70時間の「外国語科」，中学年に年間35時間の「外国語活動」が導入されるに至った。

2. 指導内容

(1) 言語の形式と意味

　外国語指導において，指導の主眼がその言語の形式であるか，意味であるかを，指導者は念頭に置くべきである。形式面とは，言語の規則である。音の規則としては，音素レベルの発音方法，リズムやイントネーションといったものがある。文字の規則としては，記号の使い方，文の規則としては文構造や文法がある。

　子どもを対象とした外国語教育において，規則を演繹的に指導することは少ない。子どもは多様な表現に触れ，日本語との違いやある一定の規則を帰納的に見つけること（ができるよう，指導者が適切な準備をすること）が求められる。形式面の学びは，一見，実際の言語使用につながらないように思えるかもしれない。しかし，言語そのものに興味をもつという点で，子どもの学びを促進するものである。

　言語の意味は，コミュニケーションの結果伝わるものである。子どもが「Hello.」と言ったとき，指導者が規則に注目していれば，「Good pronunciation.」や「イントネーションを下降調にしましょう。」と返答するかもしれない。しかし，意味重視の場面であれば，「Hi. How are you?」と挨拶を続けるのが適切である。

　コミュニケーションにおける「意味」は，文字どおりの意味だけではないことも多い。「It's so hot.」はどんな意味だろうか。「とても暑い」という直訳で理解できる意味もあるが，図2中の下線に示されるように，場面が違えば，そのことばがもつ意図や働き（機能：function）が異なる。繰り返しになるが，コミュニケーションには文脈が伴うものであり，文脈によって意味が形成されるのである。

　日常的に行われる第一言語の学びにおいては，乳幼児と保護者などの間で，自然と意味に注目したコミュニケーションが行われる。「Hello.」への返答の例のように，外国語教育においては，指導者側が，指導内容，単元や活動の目標

図2　場面によって意味が異なる例（下線部は言語の働き）

に応じた返答をする必要がある。

(2) 音声言語の指導内容

　聞くこと・話すことの学びは，その後の英語学習の基盤ともなりうる。その形式面で注目されるのは，発音である。英語に限らず，外国語学習は早いほうがよいというイメージをもたれるが，早く始めるだけで母語話者並の発音になるわけでもない。私たちが生活するEFL環境においては，量と質ともに，十分なインプットが望めない。しかし，それを悲観する必要もない。母語話者並の発音を目指す必要はないのである。さらにいえば，「英語母語話者」も多様である。

　日本語に訛りや方言があるように，英語圏においても，地域や社会階層による発音の違いが存在する。また，母語話者以外の英語が社会的に認められる例もある。シンガポール英語には「シングリッシュ」という名称がついている。アラビア語話者の英語では /p/ の音が /b/ に置き換えられることが，よく知られている。あらゆる訛りが認められる世界では，「カタカナ英語」が市民権を得る時代が訪れる可能性もゼロではない。過剰な母語話者信仰，母語話者規範主義に陥るのは，現代的な多文化共生社会にそぐわないといえよう。

　小学校学習指導要領解説においては，発音について「特定の地域やグループの人々に偏ったり，口語的過ぎたりしない，いわゆる標準的な発音を指導する」ものとしている。学校で使用される音声教材のほとんどは「いわゆる標準

的な発音」が録音されている。ひと昔前までは，英語を学ぶことは，英語母語話者とのコミュニケーションが可能になることだと考えられていた。しかしながら英語は世界で広く使われており，近年では英語教材にも多様な国籍の人が登場するようになった。多様な国の人の発話がすべて「標準的な発音」であることには，違和感を覚えるかもしれないが，これは，学習の初期段階における教育的配慮ともいえよう。ある1つの英語表現を異なる2種類の発音で聞いたとき，子どもたちは，2つを異なる英語表現と誤認する可能性もある。

　話す活動においても，可能な限りそのような標準的な発音ができるように指導したいものである。ただし，新しい言語を学ぶとき，一度に多くのことに注意を向けることは難しい。意味重視の活動においては，図1をより具体化した場面設定をしたうえで，内容が伝わること，適切なコミュニケーションが行われていることに注目したい。子どもの英語学習では，自分のことや身近な話題を扱うことが多い。自分の好きなものなどを伝え合うと，レベルの高い語彙が必要になることがあるが，相手に伝わるよう，実物を見せたり，動作をつけたりすることが求められる。

(3) 文字言語の指導内容

　文字言語を指導するにあたっては，前提として，聞く・話す活動が十分に行われている必要がある。その際に，イラストに文字も併記されていることがある。読むこと・書くことに先立ち，聞く・話す活動を通して，文字を「見たことはある」段階になっていると考えられる。その後，文字を指導する際には，文字を識別することから始まり，文字とその名称を一致させるようにする。

　文字を識別するとは，/eɪ/ と聞いたときに，図3から左の文字を選ぶことができることを意味する。文字を識別するには，文字の記号としての特徴を捉える必要がある。アルファベットは，直線と曲線，点，そしてそれらが4線のどこに位置するのかという要素の組み合わせで形づくられている。指導においては，英語として学ぶ以前に，それらの形の特徴に気がつくよう，文字を「グループ分け」するなどの活動をすることが望ましい。

　初等教育課程においては，3年生国語科でローマ字が扱われるが，外国語科

名称　/eɪ/　　/biː/　　/siː/

Aa Bb Cc

音　/æ/　　/b/　　/k/

図3　文字の名称と音

では5年生から文字の学習が始まる。綴りと音を結びつける（例：catという文字を見て，/k/ /æ/ /t/ と1音ずつ発音することができる）ことは中学校の学習内容であるが，ローマ字学習において，子音＋母音を組み合わせる練習ができていれば，アルファベットの音に対する素地も養われると考えられる。

　日本語と英語の表記体系で大きな違いは，英語がアルファベットを使用しているということ（そして大文字と小文字の使用方法に規則があること）に加え，分かち書きをする点にもある。英語を何年も学んだ大人は見過ごしてしまうような違いに，子どもたちは興味を示したり，難しさを感じたりするものである。

　読むこと・書くことについて，意味を重視した活動を行う際にも，自分のことや身近な話題を，場面設定をしたうえで，文字で伝え合う活動が行われる。読んだり書いたりする際にも，意味を重視していると形式面で間違いが増える場合がある。ただし，読み直し，書き直しができるため，意味重視の活動に形式面の指導を加えることが容易である。特に書く活動においては，相手に見せる前に，一度自分が書いたものを読み直すなど，形式面にも注目するとよいだろう。

3. 指導方法

(1) 多様な指導法

　授業内においては，前節に示した指導内容を，子どもの発達段階に応じたさまざまな活動（歌，ゲーム，実践的なコミュニケーション）を通じて指導することになる。活動は，いわば授業を組み立てるパーツのようなものであるが，本節

ではそれよりも大きな概念として，授業の構成を方向づける指導法についてい
くつか説明する。

　外国語の指導法が活発に開発されていたのは，19世紀半ばから20世紀頃で
ある。19世紀頃までは，ラテン語の指導法に基づいた文法訳読法（Grammar-
Translation Method）が主流であった。

　19世紀半ば以降，母語獲得の過程を重視した指導法が注目された。その1つ
が直接法（Direct Method）である。授業はすべて学習目標の言語（例：英語）で
行われ，日常生活の語彙や文が，聞くこと・話すことを中心に指導される。

　音声重視の指導法としては，ほかにも，オーディオリンガルメソッド（Audio
Lingual Method）があげられる。この指導法は，音声とともに言語構造や形式
面を非常に重視している。現在でいう文法の問題集のような穴埋めを，口頭で
繰り返し行うことによって，正しい文法と発音を身につけ，その後の自由発話
につなげる手法である。

　同じく，反復練習として子どもの外国語指導に取り入れられるのが，全身反
応法（Total Physical Response: TPR）である。指導者が目標言語で指示をしたこ
とを，学習者である子どもたちが行動することによって，応答するため，話す
力が身についていない段階においても適用可能である。

　最後に，近年も注目されている指導方法を2つ紹介する。1つ目は，内容言
語統合型学習（Content and Language Integrated Learning: CLIL）である。他教科
の学習内容（例：算数，理科）を，学習目標の言語を使用して学ぶ方法である。

　2つ目はタスク重視の教授法（Task-based Language Teaching: TBLT）である。
授業においては，授業内に最終的に到達する目標（例：休暇の計画を立てる，協
同で制作物にとりかかる）が示され，その遂行のために目標言語が使用される。
CLILやTBLTにおいては，学習内容の理解やタスクの完遂に至ることが目指
され，「意味」を非常に重視したコミュニケーションが行われる。

　ここまで，6つの指導方法をあげたが，どれか1つで万事うまくいくという
指導法は存在しない。学習目標や，子どもの実態に応じて，取捨選択し，組み
合わせることが指導者の力量といえよう。

(2) 指導者の役割，ティームティーチング

　指導者には，指導法によって自身の役割を柔軟に変化させる力も求められる。教材の範読をしたり，協働的な学習形態の授業においてはファシリテーターとして子どもたちの学びを支援したりする。子どもたちの興味を学習内容に向けるための準備をする，演出家としての役割も担う。英語授業の場合，誰が指導するかという点も多様である。

　外国語科の指導も，外国語活動の指導も，学級担任が担当していることが最も多い（表2）。教科としての外国語科においては，専科教員（当該小学校に所属し，担任をもたずに，特定の教科のみを指導する教員）の割合が高くなることもわかる。

　英語の授業には，授業を主に担当する教員に加え，指導助手が授業に入ることもある。1つの教室に複数の指導者がいるティームティーチングの形式である。その際には，指導助手の役割についても，考えてみてほしい。

　英語の指導助手は，国籍にかかわらず，英語に堪能な人材である。そのため，範読を担当することが多いが，まるでスピーカーのように扱われることも少なくない。指導助手は，コミュニケーション相手の1人である。積極的に，子どもたちや主担当教員とやり取りする機会を設けたい。英語に関するフィードバックや，英語圏の文化に関する情報を提供することもできると考えられる。

表2　小学校における外国語授業担当者の人数

	3・4学年	5・6学年		計
	外国語活動	教科としての外国語		
学級担任	51,055	1,819	41,610	94,484
他学級/他学年担任	2,335	53	4,416	6,804
専科教員等	15,573	729	22,384	38,686
他小学校所属教員	3,073	53	6,589	9,715
中・高等学校教員	580	7	1,822	2,409
非常勤講師等	3,423	233	4,519	8,175
計	76,039	2,894	81,340	160,273

出所：文部科学省による2021（令和3）年度「英語教育実施状況調査」の結果をもとに筆者作成

4.　子どもを見取り，子どもと外国語のかかわりをイメージすること

　ここまで，英語教育ありきで論を進めたが，「なぜ英語を勉強しないといけないのか」と，自問自答した経験をもつ者は多いかもしれない。子どもから尋ねられたら，「国際化」など使い古された言い訳でごまかすのではなく，一度立ち止まって，目の前の子どもたちは英語（あるいはその他の外国語）とどのようにかかわっているのか，考えてみてほしい。

　まず，目の前の子どもの実態を見取ることから始めたい。教育内容は全国共通であっても，学級の中には，多様な子どもがいる。子どもたちの関心事は何か，得意・不得意は何か，友だち同士でどのような会話をしているのか，特別な支援が必要か――こういった点を知ることが，英語教育の場では，コミュニケーションの内容や，適切な指導方法を選択するヒントになる。

　授業で行う英語による言語活動は，ほとんどの場合，子どもたちが日本語で話していることの追体験である。子どもの実態を見取ってこそ，子どもたちにとって現実的なコミュニケーションの場が実現できる。そうすれば，「なぜ英語を勉強しないといけないのか」という疑問すら浮かばない――英語は身近にあるものという認識が自然に根付くことが期待できる。

◆学習課題

　自分が好きなもの（I like...）や，できること（I can...）を伝え合う活動を行う際，どのような場面設定（場所，伝える相手，媒体）が想定されるか。具体的に考えて，実際のコミュニケーション場面を実演してみよう。

引用・参考文献

アレン玉井光江（2010）『小学校英語の教育法――理論と実践』. 大修館書店.

伊村元道（2003）『日本の英語教育200年（英語教育21世紀叢書）』. 大修館書店.

酒井英樹・滝沢雄一・亘理陽一編著（2017）『小学校で英語を教えるためのミニマム・エッセンシャルズ――小学校外国語科内容論』. 三省堂.

手島良（2019）『これからの英語の文字指導──書きやすく 読みやすく』. 研究社.

名畑目真吾・松宮奈賀子編著（2021）『新・教職課程演習 第12巻　初等外国語教育』. 協同
　　出版.

バトラー後藤裕子（2015）『英語学習は早いほど良いのか』. 岩波新書.

文部科学省（2018）『小学校学習指導要領（平成29年告示）解説　外国語活動・外国語編』.
　　開隆堂出版.

リチャーズ，J. C. & ロジャーズ，T. S.著，高見澤孟監訳，アナハイム大学出版局協力翻訳
　　チーム訳（2007）『アプローチ＆メソッド 世界の言語教授・指導法』. 東京書籍.

第10章
子どもとメディア

時津 啓

はじめに

　コロナウイルスの蔓延は学校教育の風景を変えた。授業とは対面・ライブで実施するものであったが，今では感染を避けるため，非対面・ライブ，非対面・オンデマンドを推奨する場合もある。それを可能にしたのは，IT産業が開発・運営する製品——たとえばZoom，YouTube，Teamsなど——である。GIGAスクール構想——文部科学省が「児童・生徒1人1台の情報端末」をスローガンに掲げ，校内LANの整備や通信ネットワークを配備しようとする構想——といった新たな教育政策を取り上げるまでもなく，そうした製品は学校教育にとって必要不可欠なものとなった。新たな情報技術が，新たな授業形態を可能にしたのだ。教師と児童生徒，児童生徒同士を媒介しているという意味で，そうした製品はメディアでもある。ここでいうメディアとは，特定の情報技術をかたちにしたものを指す。

　新たな情報技術，それをかたちにしたメディアが新たな教育を生み出すと考えると，探究すべき事柄はシンプルになる。タブレットやノートパソコン，そこに内蔵されたアプリケーションをどのように授業に組み込むのかというメディア利用の方法論ということになる。現状は，明確な解答がない状態で，児童・生徒はタブレットやノートパソコンを所持し，教員は，手探りで，それらを使った授業を構想・実践している。2025年から教科「情報」が大学入学共通テストで課せられ，大学の教員養成課程では情報機器やアプリケーションの操作スキルを修得する科目が教員免許取得の必修科目となった。つまり，メディア利用は学校教育の中で必要不可欠なものとして位置づけられ，その前提のもとでメディア利用はますます奨励されているのだ。さらに重要（深刻）な

のは，こうした学校の現状以上に，子どもたち——幼児も含めて——は，日常生活でこうしたメディアを利用しているのだ。行動，認識，理解，思考など，こうしたメディアは子どもに影響を与えているといえよう。

以上を踏まえると，メディア利用そのものを再度考え直す必要がある。子どもにメディアをどのように利用させるべきか。授業実践でメディアをどのよう活用すべきか。こうした方法論に終始すれば，日々発展・変化する情報技術やメディアに呼応してしまい，場当たり的な対処法を生み出すだけとなろう。これまで子どもとメディアの関係はどのように捉えられてきたのか。それを踏まえると，今後は学校教育においてどのようなメディア利用のあり方が望ましいのか。そうした問いこそ必要だ。

ここで，こうしたメディア利用の方法論の多くが，メディアの種類に注目し，その違いを重視する点に注目しよう。この点はこうした議論の核となる前提といえる。なぜなら，この点に注目するから，新たな情報技術やメディアが登場するたびに，「新たなメディアによって教育は変わる」という主張ができるからだ。こういったスタンスは，1960年代にカナダで活躍したメディア研究者マクルーハン（McLuhan, H. M., 1911-1980）の言葉を想起させる。すなわち「メディアはメッセージ」である。この言葉をめぐってはさまざまな解釈が可能であるが，「メディアのメッセージは，それが伝える内容ではなく，そのメディアがメディアとして持つ特徴や形式のほうにこそある」（門林, 2011: 101）といえよう。

「テレビっ子」から「デジタル・ネイティブ」——生まれたときからコンピューターやビデオゲーム，インターネットなどのデジタル・メディアに囲まれて育ち，それらを自在に操作できる若者世代のこと——へと至るまで，新たなメディアが登場するたびに，マクルーハンの思考法——メディアの特性と人間の行動・認識の変化を結びつける思考法——を確認できる。たとえば，3歳児が親のスマートフォンを操作しながら，YouTubeを見ている光景を見たら，「最近の子どもはすごい」と感心したり，嘆いたりする。こうした日常の風景は，子どもの行動とメディアの間に何かを挟み，結びつけているから生じている。そして，教育学研究もその例外ではない。マクルーハンの思考法——原因・要因としてメディアを置き，ある子どもの行動を結果として位置づけ，両

者を結びつけること——に基づき，若者や子どもの可能性（危険性）が繰り返し叫ばれてきた。メディア利用をめぐる議論でも，新しい情報技術やメディアが，子どもに対して，いかに作用するのかと議論しており，マクルーハンの思考法を容易に見出すことができる。

　しかしながら，教育学におけるマクルーハンの検討は批判的検討も含めて十分とはいえない。メディアと経験の関係を問う際に補足的に触れたもの（今井，1998），情報化社会の学校教育のあり方を論じる際の口火としてマクルーハンの見解を参照する研究がある（坂本，1996）。こうした補足的・副次的な扱いは1990年代以降のメディア・リテラシー論においても同様である（上杉，2008）。これらの研究にとって，マクルーハンの考えは教育問題の一部を見定めていたものにすぎない。そのため，マクルーハン理論は補足的・副次的に触れれば十分となる。本格的な理論的・歴史的な検討はほとんど行われていない。とりわけ教育におけるメディア利用という論点ではほとんど研究されていない。

　本章の目的は，マクルーハンの思考法を再検討し，学校教育におけるメディア利用のあり方を解明することにある。時代の流れに従って，メディア利用の方法を提示し続けるだけではなく，むしろメディア利用のあり方を問う。メディア利用の方法論の起源の1つ——つまりマクルーハンの思考法——に遡行することで，その限界や時代背景を踏まえたメディア利用のあり方を提示できるはずだ。

1．マクルーハンにおけるメディア教育の萌芽

（1）マクルーハンの経歴

　マクルーハンを簡単に紹介しよう。1911年にカナダのアルバータ州のエドモントンで生まれた。マニトバ大学で工学を学ぶが，最終的に英文学を専攻して同大大学院へと進学した。その後，1934年から1936年，1939年から1940年の2回にわたってイギリスのケンブリッジ大学に留学し，1934年ケンブリッジ大学で文学の博士号を取得している。

　マクルーハンのデビュー作は，1951年にアメリカの広告を分析した『機械の花嫁』である。異端ではあっただろうが，マクルーハンは英文学者として，広告にも目を向けた最初の世代といえよう。マクルーハンは，広告が次々と人々のもとに情報を届ける状態をコマーシャル教育と呼ぶ。広告は，子どものもとへ絶え間なく届いていたのだ。彼の目には，その状況がまるで教師が児童生徒に情報を伝え，子どもたちが知識や技能を修得していくように見えたのだろう。正確にいえば，それが多額の資金に支えられて，広告は新興産業として人々の生活の中に入り込み，重大な影響を及ぼし始めていた。逆に，正規の学校や大学はその影響で影を潜めていた。こうした現状認識からマクルーハンは次のように述べる。

　　食いものにされようとしている人びとを啓蒙するために，逆にこの新しいコマーシャル教育を材料に利用してみたらどうだろうか？　大衆に無意識に働きかけているように仕組まれているこのドラマに対して大衆の注意を喚起する一助となるはずである。　　　　　　　　　　　　　　（マクルーハン, 1991: 1）

(2)　メディア教育の提唱

　上記からわかるように，マクルーハンは，広告を教材にして学校で教えることを提唱した，メディア教育やメディア・リテラシー教育の先駆けともいえよう。メディア研究者の門林岳史は，マクルーハンが『機械の花嫁』を出版した当時の境遇に注目している（門林, 2011: 9-10）。『機械の花嫁』を出版した当時，マクルーハンはアメリカ・ウィスコンシン大学に勤務していた。そこの学生たちは，彼が学んだケンブリッジ大学流の文学講義とはかけ離れた問題関心をもっていた。門林によれば，マクルーハンはその現状にカルチャーショックを受け，その環境に適応するために，学生に馴染みのある漫画や広告の教材化を図ったのだ。
　本章では教育学におけるメディア利用の議論の根幹にマクルーハン的思考法を見出そうとしている。マクルーハンの出発点である『機械の花嫁』の冒頭に，メディア教育の先駆けともいえる記述があることからもわかるように，彼

のメディア論と教育は同じ地平を共有しているのだ。では具体的にどのような地平を共有しているのだろうか。その後のマクルーハンの記述を追いかけて共有する地平を明らかにしよう。

2.　マクルーハンの学校論

(1)　教材としての印刷——イリイチとの比較

　マクルーハンは教育に関する小論「壁のない教室」の冒頭で次のように述べている。「本という形式によって誰でも同じものに接することが可能となった。中世には，多くの学生や研究所が同じ本のコピーをもつことは不可能であった。手書き稿本やそれについての解説は口述された。それを学生は記憶したのである。授業はほとんど全面的に口頭で，かつ集団的に行われた。一人だけでの勉強ができるのは程度の高い学者の場合に限られていた。もっとも初期の印刷本は，口頭による授業の『視覚補助教材』だったのである」（マクルーハン，2003: 105)。

　児童生徒（子ども）が1人1冊教科書を手元にもつ。現在の日本の教育環境から見れば，当然のメディア環境は決して当たり前ではない。確かに児童生徒（子ども）一人ひとりが教科書を手元にもつにはあらゆる条件——予算整備など——を満たす必要がある。しかしながら，マクルーハンはそういった条件には目もくれず，彼の着眼点はあくまでメディア史的だ。ここでいう印刷本とは，主に書籍を指している。そして，それを支える技術が活版印刷の技術である。マクルーハンは主著『グーテンベルクの銀河系』の中で，当初は「視覚補助教材」だった印刷物がいかに人間に作用し，「活字人間」をつくり上げたのかを描いている。その中で学校について次のように述べている。「印刷文化の管理人である学校制度のなかには，ばんからな (rugged) 個を許容する余地はない。学校とはたしかに，私たちがまだ分裂するにはいたっていない子どもたちを投げ入れて加工する，均質化のための機械なのだ」（マクルーハン，1986: 328)。

　当時の学校論と比べてみよう。イリイチ (Illich, I., 1926-2002) によれば，学校

の存在が市場とリンクし合い——たとえば偏差値の高い学校に行くことが大企業や公官庁等に入ることにつながる——，学校に行くことは当然のこととして社会に受け入れられていく。逆に学校に行かないことは異常なこととして社会に認知されることになる。「今でもなお多くの人々はある人を信頼してよいかどうかは，その人が関連のある学習でよい成績をあげたかどうかによって判断してもよいことを学校が保証していると信じている」（イリッチ，1977: 32）。これこそイリイチがいう「学校化」である。そして「学校においてわれわれは，価値のある学習は学校に出席した結果得られるものであり，学習の価値は教えられる量が増えるにつれて増加し，その価値は成績や証明書によって測定され，文書化され得ると教えられる」（イリッチ，1977: 80）。

　イリイチは，学校への信仰を問題視した。学歴（学習の履歴）が市場の人材リクルートと密接に結びつき，その履歴を証明するものが文書化されることで，社会的信頼へと結びつく。イリイチもまた，子どもたちが通う学校の教育とメディアの密接な関係に気づいていたことがわかる。

(2) マクルーハンの学校論の時代性

　こうして見ると，マクルーハンの学校論は，真新しくない。むしろ，イリイチは，マクルーハンよりも厳密に市場と学校との関連を明らかにしている。さらに，印刷文化がその関係づくりにいかに関与しているのかも明示している。しかしながら，マクルーハンの特徴は，学校教育のもつイデオロギー性と活字の特性を結びつける点にある。この点に注目すべきだろう。なぜなら，この点に注目すれば，彼の思考法の時代的制約を解明できるからだ。マクルーハンによると，「印刷本は史上初の大量生産物であったが，それと同時にやはり最初の均質にして，反復可能な〈商品〉」（マクルーハン，1986: 193）である。彼にとっては，印刷本もまた大量生産された生産物である。大量生産という点に着目すれば，新聞，ラジオ，テレビと何ら変わらない。

　さらに，マクルーハンは当時の学校教育が「マス教育」であると述べている。ここでいう「マス教育」とは，探究の保証，学びの保持，人生を通じた変化を奨励するというよりも，むしろ個人の成長と発達のプロセスを遅延し

(slow)，コントロールするものである（McLuhan & Leonard, 1967: 24）。子どもは，遅延とコントロールのもとで，競争により動機づけられ行為する（ibid.）。カナダの社会学者メイロウィッツ（Meyrowitz, J., 1949- ）に従って敷衍しよう。子ども個人は独創力をもつようにと大げさに奨励されているけれども，実際には教育の構造はその個人の能力を制限するように設計されている（Meyrowitz, 1996: 103）。

　次のようにまとめることができるだろう。マクルーハンに従えば，学校は印刷文化を管理する機能を担っている。子どもの成長と発達は，「マス教育」を通じて，印刷本の特性を利用している。しかしながら，この学校論は一方通行にすぎない。なぜなら，裏を返せば，学校にとって印刷物は大変使い勝手のよいメディアであったともいえるからだ。たとえば，2ケタの足し算の授業を考えてみよう。子どもたちは印刷物である教科書で，あるいは黒板に教師が用意した模造紙で学んでいくはずだ。あるいはすでに学んだ1ケタの足し算を，カードなどを使って復習するかもしれない。足し算を記憶して覚えること，練習問題を繰り返し，応用問題へ挑戦すること，教師や児童生徒同士で議論し合うこと，こうした教育実践において，教師と児童生徒が同じテクスト——印刷物——をモノとしてもっていることは教育的に便利なことなのである。

　マクルーハンは，まずもってこうした情報技術の中でも，活版印刷の技術とその影響を受けながら形成された当時の文化を前提として，学校（教育）を問うた。彼にとってのニューメディアであったテレビが登場し，「教育は変わる」「子どもは変わる」と唱えながらも，彼は印刷文化の中に，学校を包含する学校論しか展開できなかったのだ。イリイチの言葉を借りれば，マクルーハンは本質的に「学校化」されたメディア研究者だったからであろう。

3.　マクルーハンの思考法の新たな展開

(1)　ポストマンの子ども論

　教育学者のポストマン（Postman, N., 1931-2003）は『子どもはもういない』の中で次のように述べる。「印刷機が技量を発揮するにつれ，新しい成年期がつ

くられたことがあきらかになった。印刷技術が誕生したあとは，成年期は獲得
されねばならないものになった。それは，生物学的に達成されるのではなく，
記号的に達成されるのである。印刷技術の発明後，子どもは大人になるものと
され，かれらは，読むことを覚え，活字の世界にはいりこむことによって，大
人にならなければならなかった。そして，それをなしとげるためには学校教育
が必要だった」（ポストマン, 1985: 60）。

　ポストマンは，マクルーハンの思考法，すなわちメディアが変われば，教
育が変わるという思考法を子どもの存在自体に応用している。近代という時
代が学校という人材育成装置をつくり出した（松原, 2008: 47）。アリエス（Ariès,
P., 1914-1984）は1960年に発表した『〈子供〉の誕生』で，中世にはなかった子
ども期という特有のライフステージを作り出したことを解明した（小林, 2008:
124）。ポストマンはこうした子ども学研究の成果とマクルーハンのメディア論
を結びつけようとする。

（2）ポストマンの誤り

　ポストマンによれば，活字と対照的なのは，テレビである。「テレビは，物
理的，経済的，認識的束縛，あるいは想像力の束縛のまったくない他学区自由
入学制の技術である。6歳の子どもも60歳の人も，テレビに映ることを経験す
る資格は平等だ。この意味で，テレビは，話しことばにまさる，極端に平等主
義的なコミュニケーションのメディアなのである」（ポストマン, 1985: 126-127）。
子どもとは，「大人が知っている一定のことを知らない人々の集団である」（ポ
ストマン, 1985: 128）。テレビは，大人だけが知る秘密を平等に公開し，子ども期
を消滅させたというわけだ。

　しかしながら，慎重に考える必要がある。本当にテレビは大人と子どもに対
して，平等に情報を届けているのだろうか。繰り返しになるが，確かに，マク
ルーハンは小論「壁のない教室」で「本という形式によって誰でも同じものに
接することが可能となった」と述べている。しかし同時に，本は多様な解釈と
読みを可能にしたし，大人と子どもの分断を生み出した。テレビも同様であ
る。確かに子どもと大人は映像や音声を通じて同じものに接することが可能と

なった。でもその解釈は──テレビのオーディエンス研究，フェミニズム研究
を引くまでもなく──，ジェンダー，人種，社会階層などによって異なるはずだ。

4.「他でもありうる」という盲点──メディア論の限界

(1) 佐藤俊樹のマクルーハン批判

　凶悪な少年犯罪が起こる。少年・少女が悪質な犯罪に巻き込まれる。就職し
たのにすぐに転職する。本を読まない。投票率が低い。マクルーハンやポスト
マンの思考法に基づけば，上述したあらゆる若者や子どもの行動は新たに登場
したメディア──現代でいえばソーシャルメディアということになろうか──
が原因・要因として解釈されてしまう。

　社会学者の佐藤俊樹によるマクルーハン解釈に注目しよう。マクルーハンに
よれば，「印刷によって個人を視覚的に拡張し増幅することには多くの影響が
ともなう」（マクルーハン, 1987: 178）。佐藤は，マクルーハンが文字・活字と個
人を結びつけている点に着目して次のように述べる。「文字メディアが個人と
結びつくのは，実は一人で黙読する場合だけである」（佐藤, 2010: 99）。佐藤は
続ける。「要するに，個人の自律性と相関するのは，音声か文字かではないし，
メッセージの物理的な伝送速度でもない。そのメディアをどのように読むかと
いう読み方なのである」（佐藤, 2010: 99）。

　マクルーハンは，文字・活字の特殊な使い方である「黙読」を文字・活字の
普遍的な，唯一の使い方として考える。文字・活字の利用は，音読もありう
るし，指でなぞりながらつぶやきながら読むこともできる。あるいは，場合に
よっては斜め読み，書籍の隅にマンガを描いて，パラパラとめくり，キャラク
ターが動くことを楽しむこともできる。マクルーハンは，「黙読」という習慣，
あるいは歴史的に形成された特殊な身体的技法を前提とするため，別の利用法
を視野に入れることができない。この点はポストマンも同じである。

(2)「他でもありうる」メディア利用

　確かに，ソーシャルメディアまで使用している私たちが佐藤俊樹らの議論で立ち止まるわけにはいかない。佐藤が批判しているのは，Windows 95 が発表されたばかりで，Google も，Amazon も，Twitter も存在しない時代のマクルーハン解釈だからである。当時とは比べものにならないレベルで，IT 産業が提供するサービスは，現実とは異なる仮想空間をつくり上げている。それと同時に，そうしたサービスはメディアと現実社会の境界線を曖昧にしている。現実世界とは異なるもう1つの世界が出来上がっており，私たちは携帯電話やタブレットを通じて，現実世界と仮想世界を行ったり来たりしているともいえよう。

　たとえば，教育におけるメディア利用は学校における教師や子どもの社会的実践が積み重なってつくられているといわれても，佐藤らが議論を展開した当時ほど説得力はない。誤解を恐れずいえば，今では情報機器やアプリケーションの中で学校教育が実施されているからだ。メディアが，メディア／社会（学校）という境界線を飛び越えてきていると理解したほうが現実的である。習慣が社会の中で形成されると純粋にいえないほど，現状はメディアが社会の中に入り込んでいるといえよう。佐藤らの議論には，マスメディアが社会で生じた情報を伝え，視聴者・読者が社会的にそれらを解釈し，その結果マスメディアからの情報も変化するというメディア／社会という区分を確認できる。

　しかしながら，こうした議論もまたマクルーハンの思考法に絡め取られていることに気がつかないといけない。これらは，佐藤らと異なったメディア環境に生きていることを根拠に，「世界は変わった」「仮想現実の影響力が大きくなった」と述べているにすぎない。これらに確認できるのは，新たなメディアが登場するたびに，「世界は変わる」「教育は変わる」「子どもは変わる」と叫ぶ，マクルーハンの思考法と同様の思考法，つまり技術決定論と同じ構造である。自らが生きる時代のメディアの利用法を絶対視し，他でもありうるメディアの利用法を想像しない。これでは他の利用法の視点からメディアの効果を捉えることで可能となる，別の解釈を見えなくする。

　たとえば，パンデミックがなければ，IT産業が開発・運営する製品——たとえばZoom，YouTube，Teamsなど——は，どのように利用されていたのだろうか。裏を返せば，私たちはいかなるメディア利用の可能性を捨てて，現行のようなオンライン授業のためにメディアを利用しているのか。今回のパンデミックは，オンライン授業の可能性を示しただけではない。さまざまなメディア利用の可能性を捨てさせ，特定の利用法へと固定化させてもいるのだ。メディア利用の固定化に向けて，Googleをはじめ多くの企業は，市場原理に基づいたメディア利用を次々と提案している。行政も同様である。教育学には，それらを冷静に分析し，可能性と限界を明示する社会科学としての使命がある。同時に，地域や子どもの実態に応じたメディア利用の提案もできるはずだ。たとえば過疎地域・島に暮らす子ども，不登校の子ども，貧困のため十分な教育機会に恵まれない子どもに国際交流も含めた多様な教育機会を提供するために，「メディア利用」を加速すべきであると提案できる（これはすでに経済産業省が「未来の学校」として提示している）。

おわりに

　本章は，マクルーハンの思考法を再検討することを通して，マクルーハンの思考法の限界を明示し，それを教育学におけるメディア利用の議論に結びつけて考察した。個別のメディアに着目する思考法（マクルーハンの思考法）は時代を代表するメディアの利用法を暗黙のうちに前提としてしまうリスクがある。マクルーハンが文字・活字の黙読を暗黙の前提としたように，パンデミックという事態を前に，オンライン授業やオンデマンド配信としてメディア利用を固定化していないだろうか。そして，その固定化を前提に，メディア利用の方法論を議論していないだろうか。

　GoogleやAppleといったIT産業が推奨する市場の論理に従った利用法が次々と提供され，「こんな便利な方法もあります」と提唱されても，市場の論理に適応することはできるが，それが教育学的に有効であるとは限らない。常に「他でもありうる」メディア利用を問い，教育学的妥当性を検討すべきであ

る。たとえば，目の不自由な人にとって，IT産業が提供するソフトが標準装備するフォントは見えにくく，使い勝手が悪い。それに対して，特別支援教育研究成果を活かして，目が不自由な人にも見えやすいUDフォントが開発され，利用されるようになった。これはあらゆる授業の場面で使用されており，教育の側から「他でもありうる」メディア利用を提唱できた好例といえよう。

　メディアは道具であり，使い方次第という考えがある。ただ，マクルーハンに従えば，こうした考えにはメディアも，利用方法も，利用者が操作できるという前提がある。他方でその代案としてマクルーハンらが提唱するのは次のことである。メディアは，人間による操作が可能であるどころか，人間を変容させると考えた。この考えは，メディアの強力な「効果」を強調する。しかしながら，これらは，自らの時代を代表するメディアとその利用法──習慣や政治・経済・社会的ダイナミズムによって固定化された利用法──を暗黙の前提としてしまう危険性がある。

　私たちは，自らのメディア利用にも歴史的にアプローチし，「他でもありうる」と問う必要がある。教育の側からメディア利用のあり方を考察すべきだ。その考察は，社会科学の知見と，教育者一人ひとりの教育実践に裏打ちされた教育学的想像力に基づくべきものだ。

◆学習課題
　これまでの学校生活で，どのようにメディア（テレビ，新聞，タブレット，ノートパソコン等）を利用してきたかを考えてみよう。

引用・参考文献

アリエス，P. 著，杉山光信・杉山恵美子訳（1980）『〈子供〉の誕生──アンシァン・レジーム期の子供と家族生活』．みすず書房．

今井康雄（1998）『ヴァルター・ベンヤミンの教育思想──メディアのなかの教育』．世織書房．

イリッチ，I.著，東洋・小澤周三訳（1977）『脱学校の社会』．東京創元社．

上杉嘉見（2008）『カナダのメディア・リテラシー教育』．明石書店．

門林岳史（2009）『ホワッチャドゥーイン，マーシャル・マクルーハン？――感性論的メディア論』．NTT出版．

門林岳史（2011）「100年目の入門――マーシャル・マクルーハンの思想」．『KAWADE道の手帖　マクルーハン』．河出書房新社，2-22.

小林万里子（2008）「教育学が描き出す『子ども』の意義」．小笠原道雄・森川直・坂越正樹編『教育学概論（教育的思考の作法2）』．福村出版，123-132.

坂本旬（1996）「『メディア論』と情報教育の政治性」．『法政大学文学部紀要』第42号，107-126.

佐藤俊樹（2010）『［新世紀版］ノイマンの夢・近代の欲望　社会は情報化の夢を見る』．河出文庫．

大黒岳彦（2016）『情報社会の〈哲学〉――グーグル・ビッグデータ・人工知能』．勁草書房．

ポストマン，N.著，小柴一訳（1985）『子どもはもういない――教育と文化への警告』．新樹社．

マクルーハン，M.著，森常治訳（1986）『グーテンベルクの銀河系――活字人間の形成』．みすず書房．

マクルーハン，M.著，栗原裕・河本仲聖訳（1987）『メディア論――人間の拡張の諸相』．みすず書房．

マクルーハン，M.著，井坂学訳（1991）『機械の花嫁――産業社会のフォークロア』．竹内書店新社．

マクルーハン，M.著，後藤和彦訳（2003）「壁のない教室」．マクルーハン，M. & カーペンター，E.著，大前正臣・後藤和彦訳『マクルーハン理論――電子メディアの可能性』．平凡社ライブラリー，105-109.

松下慶太（2012）『デジタル・ネイティブとソーシャルメディア――若者が生み出す新たなコミュニケーション』．教育評論社．

松原岳行（2008）「近代教育学の批判――教育のこれからを考える前に」．小笠原道雄・森川直・坂越正樹編『教育学概論（教育的思考の作法2）』．福村出版，45-55.

水越伸（2002）『新版 デジタル・メディア社会』．岩波書店．

McLuhan, M. & Leonard, G. B. (1967) The Future of Education: The Class of 1989. *Look*, 21, 23-25.

Meyrowitz, J. (1996) Taking McLuhan and "Medium Theory" Seriously: Technological Change and the Evolution of Education. Kerr, Stephen, et al. (eds.), *Technology and the Future of Schooling*, NSSE, 73-110.

付記
本章はJSPS科研費（課題番号20K02921，20K02762）の研究成果の一部である。

第3部

子どもを取り巻く現代事情

第11章
子どもと家族

宇田智佳

1. 社会の中の家族の変遷

　子どもと家族の姿は，どのような視点に立つのかによって異なって見える。たとえば，時代によって家族の「当たり前」とされていることが異なっている。本章ではまず，日本において，戦後以降，家族がどのように変化してきたのかを見ていきたい。

　日本では，戦後から1960年代半ばまでは，夫婦と子どもからなる核家族こそが近代的で民主的な家族であると考えられていた。その後，1970年代になると，夫が稼ぎ手となり，妻は専業主婦になるという性別役割分業を特徴とした「近代家族」が広まっていった。ただし，このような近代家族には，たとえば「子どもを育てることが親の愛情の証である」というように，自助原則と愛情原則が含まれており，構造的な危うさがあると指摘されている（山田, 1994）。また，性別役割分業意識は子育てにおいても見られたため，子育ての責任負担が母親へ集中・増大していった。その一方で，父親に子育ての経済的な負担は集中するが，実際の子育て場面では影が薄くなっていく。つまり，高度経済成長期に全盛期を迎えた近代家族には，家族が，とくに母親が子どものケアや教育の責任を担うようになったことに特徴がある。

　さらに，近代家族の中の母親たちは，地域共同体から切り離され，孤立・密閉した空間の中で子育てを行うこととなった。こうした子育ての状況は，ときに母親を追いつめる側面や，子どもたちにとって抑圧的な側面をもつこともある。たとえば，児童虐待の問題がある。

　児童虐待は，子どもの養育・福祉に責任のある保護者（親権を担う者，未成年後見人その他の者で，児童を現に監護する者）が18歳未満の子どもに対して行う

表1　児童虐待の定義

身体的虐待	殴る，蹴る，叩く，投げ落とす，激しく揺さぶる，やけどを負わせる，首を絞めるなど
性的虐待	子どもへの性的行為，性的行為を見せる，性器を触るまたは触らせるなど
ネグレクト	家に閉じ込める，食事を与えない，ひどく不潔にするなど
心理的虐待	言葉による脅し，無視，きょうだい間での差別的扱い，子どもの前でのDV（ドメスティックバイオレンス）など

出所：厚生労働省「虐待の定義と現状」より筆者作成

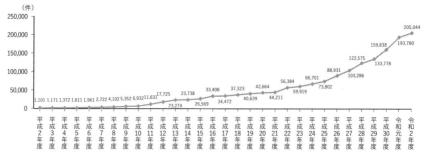

図1　児童相談所での児童虐待相談対応件数の推移

出所：厚生労働省「令和2年度児童虐待相談対応件数」より作成

「身体的虐待，性的虐待，ネグレクト，心理的虐待」であると定義される。表1のように，厚生労働省によって児童虐待は4つに分類されている。

　表1のように分類・定義される児童虐待は1990年代に入ると社会問題化する（田中，2011）。児童虐待の社会問題化とは，マスメディアが児童虐待の増加・深刻化を報道し，児童虐待はどのような家庭にも起こりうる社会問題となったことを示している（上野・野村，2003）。マスメディアの報道からは，児童虐待が増加しているような印象を受けてしまうかもしれない。「虐待死」に関するニュースは今も目にすることが多い。また，図1のように，児童相談所での児童虐待相談対応件数は増加している。しかし，以前は「しつけ」の1つであったことが「虐待」と定義されるようになったことや，児童虐待が起こっていないかという監視の目が強化されたこと，通告が推奨されるようになったこと（田中，2011）を見落としてはいないだろうか。もちろん，2000（平成12）年に児童虐

待防止等に関する法律が施行されたように，児童虐待防止の取り組みは重要である。しかし，その背景には，児童虐待をめぐる社会の変化があることに目を向ける必要がある。

　以上に見てきた児童虐待をはじめとして，非行や逸脱など，子ども・子育てをめぐる問題の背景には，「親がしっかりと子どもを見ていなかった」と家庭に責任を求める「家族の教育力低下」があるとされてきた。こうした「家族の養育低下」問題に対して，政府は家庭教育に踏み込んだ政策提言を行っていく。2017（平成29）年には，家庭教育支援の推進方策に関する検討委員会が設置され，家庭教育を「全ての教育の出発点」とし，「父母その他の保護者は，子の教育について第一義的責任を有するもの」と掲げられた。

　一方で，「家族の教育力低下」という前提をもとにした政策については，家庭の教育力はそもそも低下しておらず，むしろ以前より多くの母親たちが子どもの「人格も学力も」という，全方位型の教育関心を高めていることが指摘されている（広田，1999）。広田が指摘するように，「家庭の教育力の低下」というよりむしろ，子どもの教育に関する最終的な責任を家庭が一手に引き受けるようになったのである。

　2000年代には，競争原理をもとにした新自由主義の台頭により，経済格差，教育格差などのさまざまな格差が社会的な注目を集めるようになった。本田は，格差社会の中で，母親たちは子どもに「よりよい教育達成」を目指し，「よりよい職業」に就けるようにさまざまな戦略を駆使していることを指摘する（本田，2008）。その一方で，「子どもの貧困」が大きな注目を集めたように，格差社会の中で，教育や就職などのさまざまな場面で不利な状況に置かれた家庭や子どもがいることも明らかにされている。

　以上に見てきたように，家族の姿は時代によって変化してきており，家族を考えるにあたっては，取り巻く社会の動きにも注目していくことが必要である。また，社会と家族のつながりを見たときに，近代ならではの家族の特徴も浮かび上がってくる。たとえば，女性に子育て負担が集中する「近代家族」であるからこそ，児童虐待が社会問題化し，家庭にその責任が求められるようになっていったのである。

　近年ではさらに，「子どもの貧困」や離婚率の増加などにより，家族を取り

巻く課題も複雑化してきている。そうした中で，家族やその子どもたちはどのように描かれてきたのだろうか。以降で詳しく見ていきたい。

2.　多様な家族と子ども

　本節では，近年の家族を取り巻く課題として，貧困や離婚，虐待に焦点を当てていく。具体的には，①貧困家庭の子ども，②ひとり親家庭の子ども，③社会的養護を受ける子どもに着目して研究を整理していきたい。

(1)　貧困家庭の子ども

　「子どもの貧困」という言葉をニュースなどでよく目にするようになったのではないだろうか。「子どもの貧困」について論じていく前に，まずは貧困の定義を整理していきたい。

　貧困には，「絶対的貧困」と「相対的貧困」があるとされている（岩田, 2007）。岩田によれば，「絶対的貧困」とは，「生存のための最低生活費を下回る収入や生活費の状態」のことを指す。絶対的貧困は，1日に必要な食料の最低限度の費用から算出される。一方，「相対的貧困」とは，「社会の一員として生きていくための最低限の生活費が貧困の境界」という考え方である（岩田, 2007: 40-41）。今の日本では，最低限の食料があれば十分ということはなく，住居や光熱費，季節に合った服は生活していくうえで必要であるし，スマートフォンも必要かもしれない。このように「貧困」を見たときに，日本の貧困は，相対的貧困として捉えられていることがわかる。

　それでは，具体的にどのようにして相対的貧困は捉えられるのかを以下で確認していきたい。実際に「貧困」の指標として用いられる相対的貧困率は，等価可処分所得（所得から税金や社会保障費などを差し引き調整した額）の中央値の半分に満たない世帯の割合を指している。そして，「子どもの貧困」は，18歳未満人口のうち，相対的貧困家庭に属する子どもの割合のことである。図2が示しているように，厚生労働省（2019）によると，2018（平成30）年の子どもの貧

図2　子どもの貧困率・相対的貧困率の推移

出所：厚生労働省（2019）より筆者作成

困率は13.5％となっており，子どもの貧困への対策が喫緊の課題となっている。

　日本では，2013（平成25）年に「子供の貧困対策推進法」が制定され，2014（平成26）年には「子供の貧困対策に関する大綱」が策定された。この法律により，子どもの貧困対策として，教育の支援，生活の支援，保護者に対する就労の支援，経済的支援に取り組むことが明記された。

　貧困に関する議論の中で，イギリスのテス・リッジは，貧困は大人の視点から捉えられていることを指摘し，「子どもを中心に据えたアプローチ」から貧困を論じる重要性を示している（Ridge, 2002）。子どもへのインタビューからは，貧困であることが，「仲間に溶け込むこと」や「仲間と行事に参加すること」などが難しい状況を生じさせているということが明らかとなった。こうした知見は，「子どもを中心に据えたアプローチ」によってこそ得られたものである。

　日本においても，貧困を子どもの視点から捉える研究が進んでいる。たとえば，林は，生活保護世帯の女子生徒たちへのインタビューから，彼女たちが経済的困窮をはじめとした多層的な困難から，学校では周縁的な位置に追

いやられている一方で，家庭では家事を担い，家庭に準拠することで自己ア
イデンティティを獲得していく様子を明らかにしている（林, 2016）。その帰
結として，生活保護家庭の子どもたちが高校不進学や，全日制高校進学の選
択がないなど，低位の進路選択を行っていることを踏まえて，支援の検討を
行っている。林の研究からは，子どもの貧困への対策にあたっては，子ども
自身が貧困をどのように捉えているのかにも着目する必要があることがわか
る。

　ここまで，子どもの貧困と家族について見てきた。子どもの貧困に関する議
論でさらに注目すべきは，ひとり親家庭の子どもたちの貧困率である。厚生労
働省によると，2018（平成30）年時点でひとり親家庭の貧困率は48.1％であり，
ひとり親家庭の子どもを育てるには大きな経済的困難を伴っていることがわか
る。そこで，次にひとり親の子どもについて詳しく見ていきたい。

(2) ひとり親家庭の子ども

　神原は，近年の離婚の特徴として，子どものいる夫婦の離婚件数が全離婚件
数の7割近くに達していること，離婚する世帯の多くが核家族であり，離婚に
よりひとり親家庭が誕生することなどをあげている（神原, 2010）（図3）。

　ひとり親家庭は，「欠損家族」や「崩壊家族」とされ，非行や逸脱の原因と
されてきた。そうした背景には，「近代家族」が有する「子どもを育てること
が親の愛情の証である」という規範から逸脱した家族としてひとり親が捉え
られてきたことがあげられる。そのうえで，近年では，ひとり親やその子ども
は，多くの困難や不利に直面することが明らかにされている。

　まず，ひとり親が直面する困難や不利として，先述のひとり親家庭の子ども
の貧困率の高さが示しているように，経済面での困難がある。ひとり親になっ
てから母親が就労する場合，正規雇用で就労することは難しく，非正規雇用で
低賃金の職である場合が多い。こうしたことは，男性が家計を担い，女性が
パートなどで補助をして家計を担っていく「標準家庭」を前提とした労働政策
によるものである。しかし，ひとり親家庭，とりわけ母子世帯においては，母
親の収入だけで子育てを担っていかねばならず，経済的な困難に直面しやすい

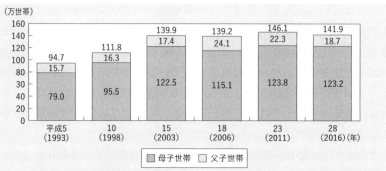

（備考）1. 平成23（2011）年以前は，厚生労働省「全国母子世帯等調査」，平成28（2016）年は厚生
　　　　労働省「全国ひとり親世帯等調査」より作成。
　　　　2. 各年11月1日現在。
　　　　3. 母子（父子）世帯は，父（または母）のいない児童（満20歳未満の子どもであって，未婚
　　　　のもの）がその母（または父）によって養育されている世帯。母子または父子以外の同居
　　　　者がいる世帯を含む。
　　　　4. 平成23（2011）年値は，岩手県，宮城県および福島県を除く。平成28（2016）年は，熊本
　　　　県を除く。

図3　母子世帯および父子世帯の推移

出所：厚生労働省（2019）より作成

のである。このような点にも，「近代家族」規範が強固に存在していることが
わかる。

　さらに，ひとり親家庭であることによる経済的困窮は，教育達成における多
くの不利な状況をもたらすとされている。たとえば，白川は，ひとり親家庭出
身者の学力形成における不利を分析し，ひとり親家庭の中でも母親が不在の家
庭の子どもの学力が低いことを明らかにしている（白川, 2010）。経済的困窮だ
けでなく，親の多忙から，子どもへの関心の薄さや，子どもとのかかわりの少
なさも相まって，ひとり親家庭の子どもたちの低学力や低い教育達成となるこ
とも明らかにされている（志田, 2015）。

　ここまで，ひとり親家庭の困難の1つとして，経済的な次元を確認してきた。
こうしたひとり親家庭の経済的な困難から，経済的な支援策が検討・実施され
ているが，志田が指摘するように，ひとり親家庭の子どもたちは，経済的な次
元で困難に直面しているだけでなく，親の離婚やそれに伴う引っ越しなどに対
して大きな不安や戸惑いを感じている。そのため，志田は，ひとり親家庭の子
どもたちへのインタビューから，ひとり親家庭の子どもたちには，経済的な支

援（＝再配分）だけでなく，家庭を超えたつながりを通して承認が重要であることを指摘している。

(3) 社会的養護と家族

　以上に見てきたのは，家庭の中で生活をしてきた子どもたちである。しかし，子どもの中には，家庭崩壊を経験し，家族とともに暮らさない社会的養護の子どもたちもいる。

　社会的養護とは，厚生労働省によると，「保護者のない児童や，保護者に監護させることが適当でない児童を，公的責任で社会的に養育し，保護するとともに，養育に大きな困難を抱える家庭への支援を行うこと」である。

　ここでは，社会的養護の中でも，現在日本において多くの割合を占める児童養護施設に着目して，家族との関係から子どもたちの姿を見ていきたい。児童養護施設で暮らす子どもたちの背景には貧困や虐待があげられており，家庭における多元的な困難や不利が明らかにされている（田中, 2011）。子どもたちは，児童養護施設へ入所することによって，家庭での困難からの脱出が可能になる一方で，家族と離れて暮らすことになる。田中によれば，現在，児童養護施設で暮らす子どもたちの多くには，離れて暮らす家族がいる場合が多いにもかかわらず，「『児童養護施設への入所児童＝親なし』という定式は固定化され，ひとつのステレオタイプを構成している」という。

　さらに，田中は，施設外部者からは施設の「家族と暮らさないという環境の特異性」に多くの注目が集まり，その特異性が施設入所児たちに対するマイナスのレッテルであるスティグマを強化しうることを指摘している（田中, 2009）。児童養護施設で暮らす子どもたちは，家族をめぐる規範によって，差別を受けたり，家族を頼れないゆえにライフチャンスを狭めさせられたりしているという。

　一方で，児童養護施設経験者／退所者たちは，施設退所後もスティグマに苦悩している。長瀬によれば，施設退所者たちは，その苦悩を受け入れるだけでなく，他者と「同じ」であるように努力したり，他者と一定の距離を置いたりするなど，さまざまに対処していることも明らかにされている（長瀬, 2019）。

表2 社会的養護種別施設（世帯）数・児童数・職員数

施設	対象	施設数	児童現員	職員総数
乳児院	乳児（とくに必要な場合は，幼児を含む）	145か所	2,472人	5,453人
児童養護施設	保護者のいない児童，虐待されている児童，その他，環境上養護を要する児童（とくに必要な場合は，乳児を含む）	612か所	23,631人	20,001人
児童心理治療施設	家庭環境，学校における交友関係その他の環境上の理由により社会生活への適応が困難となった児童	53か所	1,321人	1,560人
児童自立支援施設	不法行為をなし，またはなすおそれのある児童，および家庭環境上の理由により生活指導等を要する児童	58か所	1,145人	1,818人
母子生活支援施設	配偶者のいない女子またはこれに準ずる事情にある女子，およびその者の監護すべき児童	217か所	3,266世帯 児童5,440人	2,102人
自立支援ホーム	義務教育を終了した児童であって，児童養護施設等を退所した児童等	217か所	718人	885人
里親	家庭における養育を里親に委託	委託里親数：4,759世帯	委託児童数：6,019人	

出所：厚生労働省（2022）より筆者作成

おわりに

　本章では，ここまで家族と子どもについてさまざまな視点から見てきた。この章からは，家族や子どもにとって「当たり前」と思われるようなことは，実は最近になってつくられたものであることがわかる。一方で，依然として「家族なら～すべきだ」という規範も強い。そうした強い規範から逸脱した家庭や子どもたちは，多くの困難を抱えていること，そうした中でも何とか困難な生活を生き抜こうとしていることに目を向けてほしい。

◆学習課題
　戦後の家族の「当たり前」をまとめ，「当たり前」を相対化した「多様な家族」のあり方と，家族の支援策を考えてみよう。

引用・参考文献

岩田正美（2007）『現代の貧困——ワーキングプア／ホームレス／生活保護』. ちくま新書.

上野加代子・野村知二（2003）『〈児童虐待〉の構築——捕獲される家族』. 世界思想社.

神原文子（2010）『子づれシングル——ひとり親家庭の自立と社会的支援』. 明石書店.

厚生労働省（2019）『国民生活基礎調査』.

厚生労働省（2022）『社会的養育の推進に向けて』.

厚生労働省「虐待の定義と現状」. https://www.mhlw.go.jp/stf/seisakunitsuite/bunya/
　kodomo/kodomo_kosodate/dv/about.html（最終閲覧2023年2月27日）.

厚生労働省「令和2年度児童虐待相談対応件数」.

志田未来（2015）「子どもが語るひとり親家庭——「承認」をめぐる語りに着目して」.『教
　育社会学研究』第96集, 303-323.

白川俊之（2010）「家族構成と子どもの読解力形成——ひとり親家族の影響に関する日米比
　較」.『理論と方法』第25巻第2号, 249-265.

田中理絵（2009）『家庭崩壊と子どものスティグマ——家庭崩壊後の子どもの社会化研究』.
　九州大学出版会.

田中理絵（2011）「社会問題としての児童虐待——子ども家族への監視・管理の強化」.『教
　育社会学研究』第88集, 119-138.

長瀬正子（2019）「子どもの『声』と子どもの貧困——子どもの権利の視点から」. 松本伊智
　朗編集代表『生まれ, 育つ基盤——子どもの貧困と家族・社会』. 明石書店, 309-338.

林明子（2016）『生活保護世帯の子どものライフストーリー——貧困の世代的再生産』. 勁草
　書房.

広田照幸（1999）『日本人のしつけは衰退したか——「教育する家族」のゆくえ』. 講談社.

本田由紀（2008）『「家庭教育」の隘路—子育てに脅迫される母親たち』. 勁草書房.

山田昌弘（1994）『近代家族のゆくえ——家族と愛情のパラドックス』. 新曜社.

Ridge, T. (2002) *Childhood Poverty and Social Exclusion: From a Children's Perspective*. Policy Press.
　（＝渡辺雅男監訳（2010）『子どもの貧困と社会的排除』. 桜井書店）

第12章
インクルーシブ教育

伊藤　駿・大野呂浩志

はじめに

　2022年9月9日，国際連合の障害者権利委員会（以下，権利委員会）より，日本の障害者権利条約に関する取り組みについて勧告が発表された。日本は障害者権利条約を2014年に批准しており，その実行状況についての審査を受けたのである。そしてその勧告の中では，本章のテーマであるインクルーシブ教育に対する強い懸念が示された。

　後述するとおり，日本型インクルーシブ教育は通常学級での教育を志向しつつも特別支援教育を推進するという方針を有している。もちろん通常学級においても特別支援教育の知見が活きることはあるだろうが，実際には特別支援学級や特別支援学校といった通常とは異なる場で教育を受ける子どもたちの数は増加の一途をたどっている。こうした状況に対して，権利委員会は特別支援教育という「分離教育」を即刻やめるように勧告したのである。

　では，日本政府は，また学校現場の教員たちは子どもたちを「分離」するために特別支援教育に取り組んでいるのであろうか。筆者らはそのようには考えていない。しかし，権利委員会が指摘するように日本の学校現場でインクルーシブ教育の名を借りた分離が進行していることもまた間違いない。そこで本章では，まずインクルーシブ教育とは何かということを整理したうえで（第1節），日本におけるインクルーシブ教育システムについてその対称性を明らかにする（第2節）。しかし，学校現場は決して分離を肯定するために特別支援教育を推進しているのではなく，むしろインクルーシブ教育の理念を実現するために特別支援教育を活用しようとしていることを述べる（第3節）。最後に本章のまとめとして今後の展望を示す（第4節）。

1.　インクルーシブ教育とは何か

　インクルーシブ教育推進の嚆矢となったのは，1997年スペインのサラマンカで出された「特別なニーズ教育における原則，政策，実践に関するサラマンカ声明」（以下，サラマンカ宣言）である。この宣言の冒頭において，インクルーシブ教育の推進が明示された。

　　すべての子どもは誰であれ，教育を受ける基本的権利をもち，また，受容できる学習レベルに到達し，かつ維持する機会が与えられなければならず，すべての子どもは，ユニークな特性，関心，能力および学習のニーズをもっており，教育システムはきわめて多様なこうした特性やニーズを考慮にいれて計画・立案され，教育計画が実施されなければならず，特別な教育的ニーズをもつ子どもたちは，彼らのニーズに合致できる児童中心の通常の学校にアクセスできなければならず，このインクルーシブ志向をもつ通常の学校こそ，差別的態度と戦い，すべての人を喜んで受け入れる地域社会をつくり上げ，インクルーシブ社会を築き上げ，万人のための教育を達成する最も効果的な手段であり，さらにそれらは，大多数の子どもたちに効果的な教育を提供し，全教育システムの効率を高め，ついには費用対効果の高いものとする。　　　　　　　（国立特別支援教育総合研究所による翻訳，下線は筆者，以下同様）

　この内容を踏まえれば，インクルーシブ教育とは「すべての子どもがもつ，教育を受ける権利」を保障するものであり，かつ通常の学校へのアクセスを実現するものであることがわかる。さらにその前提には，すべて子どもたちが「ユニークな特性，関心，能力および学習のニーズ」を有しており，教育システムはこうしたニーズを考慮に入れて実施される必要があると考えられている。

　もう少しこの内容を考えていこう。たとえば，日本においては義務教育段階の子どもたちのうち，不登校状態にある子どもはおよそ24万人，そのほかの理由も含めた長期欠席者数は41万人を超えている。当然この中には自分で選

んで登校しないことを決め，学校以外のオルタナティブな場で教育を受けることを積極的に考えている子どももいる。しかし，多くの子どもたちは自分たちが通っている学校でネガティブな経験をしたり，対人関係に困難を抱えたりしているがゆえに不登校へと至ってしまったというケースではないだろうか。このとき，サラマンカ宣言で述べられたインクルーシブ教育の考え方では，私たちは不登校状態にある子どもたちを登校できるように促すのではなく，学校側がこうした子どもたちも通えるように変容していくことが必要なのである。

　では，サラマンカ宣言ではどのような子どもたちのニーズが現行の教育システムでは考慮できていないと考えられているのであろうか。その内容をより詳細に見ていこう。

　　障害児や英才児，ストリート・チルドレンや労働している子どもたち，人里離れた地域の子どもたちや遊牧民の子どもたち，言語的・民族的・文化的マイノリティの子どもたち，他の恵まれていないもしくは辺境で生活している子どもたちも含まれることになる。これらの状態は，学校システムに多様な挑戦をもたらすことになる。この枠組みの文脈において，「特別な教育的ニーズ（Special educational needs）」という用語は，そのニーズが障害もしくは学習上の困難からもたらされるすべてのこうした児童・青年に関連している。多くの子どもたちが学習上の困難さを経験しており，そのため，彼らは学校生活の間にある期間にわたって特別な教育的ニーズをもっている。

　この引用を見れば，日本においても想像しやすい子どもたちもいればそうでない子どもたちもいるだろう。ここで重要なのは，こうした想像できない子どもたちについてもそのニーズをきちんと把握し，そのニーズに応答できる教育システムをつくっていくということなのである。また「マイノリティ」という言葉があるが，これは少数派を意味する。しかし，少数派とは必ずしも数だけを意味しているのではない。たとえば国会議員は人数が少ないが，国の中でその意見が反映されやすいという意味では「強者」である。それに対して，貧困状態にある人々は，圧倒的に人数は多いが，弱い立場に置かれやすいことは想像に難くないだろう。多数・少数にかかわらず，弱い立場に置かれやすい人々

を教育学などの学問ではあえて訳さずに「マイノリティ」と表現することが多い。

　そして，そうした子どもたちは学習上の困難を抱えていることが多く，「特別な教育的ニーズ」を有しているのである。特別な教育的ニーズとはイギリスにおいて出された「ウォーノック報告」で提唱された概念である。その内容を端的に述べるならば，医学的観点から同定された障害カテゴリーは，必ずしも子どもたちが抱えている困難を意味しているのではない。そうした障害カテゴリーに関係なく，「特別な教育的手立て」を必要としている場合，特別な教育的ニーズを有していると考えるということである。すわなち，冒頭で引用した内容を踏まえれば，インクルーシブ教育の対象はすべての子どもであり，かつ「特別な教育的手立て」を必要とする場合であっても，通常の学校システムへのアクセスを保障しようとするものであると考えられるのである。

　本節の最後に「特別支援学校」をはじめとする特別な教育の場についてサラマンカ宣言ではどのように考えられているのかを確認していこう。というのも，後述するとおり，日本においてはこうした特別な教育の場での教育を前提とする特別支援教育を充実させることが，インクルーシブ教育の実現につながっていくと考えられているためである。

　　インクルーシブな学校内で，特別な教育的ニーズをもつ子どもたちは，彼らの効果的教育を保障するのに必要とされるあらゆる特別な支援を受けなければならない。インクルーシブな学校での教育は，特別なニーズをもつ子どもたちと仲間たちとの連帯を築き上げる最も効果的な手段である。特別学校——もしくは学校内に常設の特別学級やセクションに——子どもを措置することは，通常の学級内での教育では子どもの教育的ニーズや社会的ニーズに応ずることができない，もしくは，子どもの福祉や他の子どもたちの福祉にとってそれが必要であることが明白に示されている，まれなケースだけに勧められる，例外であるべきである。

　この引用を見ると，特別学校（日本でいうところの特別支援学校）や特別学級（特別支援学級）での教育は，「まれなケース」であり「例外」なものであると

認識されている。また，インクルーシブな学校で特別な支援を受けられるようになることで，特別なニーズをもつ子どもたちと仲間たちとの連帯を築き上げることができると指摘されている。

　さて，ここまでの議論をまとめると次のようになる。インクルーシブ教育は理念として，すべての子どもたちの教育を受ける権利を保障することを志向している。そしてその保障は，それぞれの教育的ニーズに応答できる通常の学校（＝インクルーシブな学校）で実現されることが必要であると考えられているのである。それでは，日本においては，こうした理念を有するインクルーシブ教育をどのように実現しようとしているのか次節で確認していこう。

2. 日本におけるインクルーシブ教育

　日本において，インクルーシブ教育の推進が明示されたのは文部科学省より2012年に出された「共生社会の形成に向けたインクルーシブ教育システム構築のための特別支援教育の推進（報告）」（以下，報告）である。ではその内容を見ていこう。

　　障害者の権利に関する条約第24条によれば，「インクルーシブ教育システム」（inclusive education system，署名時仮訳：包容する教育制度）とは，人間の多様性の尊重等の強化，障害者が精神的及び身体的な能力等を可能な最大限度まで発達させ，自由な社会に効果的に参加することを可能とするとの目的の下，障害のある者と障害のない者が共に学ぶ仕組みであり，障害のある者が「general education system」（署名時仮訳：教育制度一般）から排除されないこと，自己の生活する地域において初等中等教育の機会が与えられること，個人に必要な「合理的配慮」が提供される等が必要とされている。

　報告で示されるインクルーシブ教育システムは，まずその根拠として「障害者の権利に関する条約」（障害者権利条約）が示されている。本条約は言葉どおり障害者の権利を保障するための条約であり，インクルーシブ教育の対象とし

て示されるのは障害のある者である。驚くべきことに，この報告においてはサラマンカ宣言についての言及はなされず，インクルーシブ教育システムを障害のある者と障害のない者がともに学ぶ仕組みと定義づけられている。

　もちろん前節を踏まえれば，障害のある者がその対象となることは間違っていない。しかし，インクルーシブ教育を障害のある者と障害のない者がともに学ぶ仕組みと定義してしまうことから，他のマイノリティに関する検討がなされていないことは明らかである。すわなち，本来インクルーシブ教育が想定していた対象よりもその範囲は狭くなっているのである。

　さらに，この障害者権利条約を踏まえながら報告では次のように述べられている。

　　共生社会の形成に向けて，障害者の権利に関する条約に基づくインクルーシブ教育システムの理念が重要であり，その構築のため，特別支援教育を着実に進めていく必要があると考える。

　つまり，インクルーシブ教育システムは障害者権利条約に基づくものであり，その実現のためには，障害のある子どもの教育に寄与してきた特別支援教育を進めていくことが必要であるとされているのである。特別支援教育はその教育の場にもよるが，その対象は発達障害を含めた障害のある子どもを想定したものである。

　特別支援教育の場は「特別支援学校」「特別支援学級」「通級による指導」「通常学級」が想定されている。そして，冒頭で述べたとおり，特別支援学校や学級の在籍者数が増えていることを踏まえれば，その中心がそうした「特別の場」にあると考えて差し支えないだろう。実際に，報告でもインクルーシブ教育においてそうした「特別の場」での教育は明確に想定されている。

　　インクルーシブ教育システムにおいては，同じ場で共に学ぶことを追求するとともに，個別の教育的ニーズのある幼児児童生徒に対して，自立と社会参加を見据えて，その時点で教育的ニーズに最も的確に応える指導を提供できる，多様で柔軟な仕組みを整備することが重要である。小・中学校におけ

　　る通常の学級，通級による指導，特別支援学級，特別支援学校といった，連
　　続性のある「多様な学びの場」を用意しておくことが必要である。

　この引用を踏まえれば，連続性のある「多様な学びの場」と題して，通常の
学級以外での教育もインクルーシブ教育として容認されていることがわかる。
確かに「連続性のある」という言葉のように，ときに特別支援学級で必要な支
援を受けつつ，支援を必要としなくなった場合には通常の学級へと移動するこ
とが容易であれば効果的な支援が可能であるかもしれない。しかし，特別支援
教育の対象者がどのような進路を歩んでいくかを調査した研究によれば，多く
の子どもたちが特別の場で教育を受け続ける，また学年が上がるにつれて特別
の場で教育を受けるようになることが多いということが明らかになっている
（酒井・谷川, 2019）。すなわち，「連続性」が実際に機能しているとは言い難い
状況にある。
　そして2022年，この連続性をさらになくそうとする通知が文部科学省より
出される。「特別支援学級及び通級による指導の適切な運用について」と題さ
れた通知において，次のように文部科学省としての方針が示された。

　　文部科学省が令和3年度に一部の自治体を対象に実施した調査において，
　特別支援学級に在籍する児童生徒が，大半の時間を交流及び共同学習として
　通常の学級で学び，特別支援学級において障害の状態や特性及び心身の発達
　の段階等に応じた指導を十分に受けていない事例があることが明らかとな
　りました。冒頭で述べたとおり，インクルーシブ教育システムの理念の構築
　においては，障害のある子供と障害のない子供が可能な限り同じ場でともに
　学ぶことを追求するとともに，一人一人の教育的ニーズに最も的確に応える
　指導を提供できるよう，多様で柔軟な仕組みを整備することが重要であり，
　「交流」の側面のみに重点を置いて交流及び共同学習を実施することは適切
　ではありません。（文部科学省, 2022b: 2）

　この内容を見ると，インクルーシブ教育システムにおいては，「可能な限り
同じ場でともに学ぶ」ことを目指すとしながらも，「交流」の側面のみに重点

を置くことは不適切であると言及している。さらに文部科学省は，より具体的な方針として，特別支援学級籍の子どもたちが交流として通常学級で学ぶことについて，以下のとおり方針を示した。

　「障害のある子供の教育支援の手引」にあるように，特別支援学級に在籍している児童生徒が，大半の時間を交流及び共同学習として通常の学級で学んでいる場合には，学びの場の変更を検討するべきであること。言い換えれば，特別支援学級に在籍している児童生徒については，原則として週の授業時数の半分以上を目安として特別支援学級において児童生徒の一人一人の障害の状態や特性及び心身の発達の段階等に応じた授業を行うこと。

　特別支援学級に所属している子どもたちについて，週の半分以上の時間を特別支援学級で学ぶべきであると指摘しているのである。もちろん，仮に教員たちが子どもたちの「障害の状態や心身の発達」を蔑ろにして通常の学級での教育を強要し，適切な配慮を提供せずに「ただそこにいさせる」，いわゆる「ダンピング」と呼ばれる状況があるのであれば，それは是正されるべきであろう。だが，本通知の根拠となった文部科学省による調査では次の結果が得られている。

　調査対象となった特別支援学級に在籍する児童生徒の教育課程について調査したところ，総授業時数の半分以上を交流及び共同学習として通常の学級で過ごしている児童生徒の割合は，小学校は 54%，中学校は 49%という結果となった。
　また，同割合を都道府県等別に見ると，最大値は 97%である一方，最低値は 3%であった。

　この結果からうかがえることは，文部科学省が是正すべきと考える状況に，小学校は54%，中学校は49%の学校があるということである。これは推測の域を出ないが，これほどの割合の学校の教員が障害のある子どもたちを「ダンピング状態」に置いているということには疑問を唱えるべきではないだろう

か。むしろ，通常の学級で子どもたちのニーズに応答できるように奮闘した結果がこのように現れていると考えることはできないのだろうか。

　ここまで，日本のインクルーシブ教育状況を見てきた。当初「報告」においては，障害の有無によらずともに学ぶことが前提とされつつも，特別支援学級や特別支援学校を含む「多様な学びの場」での教育が容認されていた。さらに近年では，多様な学びの場での教育を推進するとしつつも，特別支援学級に在籍している児童生徒については，半分以上の授業時数を特別支援学級で過ごさねばならないという，いうなればサラマンカ宣言の逆をいく方針が出されていたのである。

　これまでの議論を踏まえれば，日本のインクルーシブ教育はとてつもなく遅れているように見える。しかし，冒頭にも述べたとおり，現場の教員たちは通常の学級から子どもたちを「分離」しようと特別支援教育を行っているのではない。むしろ，さまざまな制約がある中で子どもたちへの支援を充実させようと奮闘しているともいえる。以下では，そうした日本の状況をより詳細に見ていこう。

3.　インクルーシブ教育と特別支援教育

(1)　特別な教育的ニーズへの対応の現状

　障害者権利条約への日本国政府署名（2007年9月），さらに国会批准（2014年1月）を背景にした2017年の学習指導要領の改訂によって，障害のある児童生徒の教育施策において大きなパラダイムシフトが求められることとなった。それまで障害のある子どもの教育の場を通常教育の場と分けて考えられていた特殊教育の概念を，教育の場を分けることなくすべての教育場面で教育することが可能な特別支援教育へと変更するものである。このことは，共生社会の実現を念頭に置いたという教育場面での新しい概念であり，インクルーシブ教育システムの構築とのスローガンのもと，「合理的配慮」と「基礎的環境整備」との2つの鍵概念をもって説明されている。

　2012年の中央教育審議会，特別支援教育の在り方に関する特別委員会報告によれば，「合理的配慮とは，障害のある子どもが他の子どもと平等に『教育を受ける権利』を享有・行使することを確保するために，学校の設置者及び学校が必要かつ適当な変更・調整を行うことであり，障害のある子どもに対し，その状況に応じて，学校教育を受ける場合に個別に必要とされるもの」である。そして「学校の設置者及び学校に対して，体制面，財政面において，均衡を失した又は過度の負担を課さないもの」と定義されている。また第2節で引用した「報告」では，基礎的環境の整備として「ネットワークの形成・連続性のある多様な学びの場の活用について」「専門性のある指導体制の確保」「個別の教育支援計画や個別の指導計画の作成等による指導」「教材の確保」「施設・設備の整備」「専門性のある教員，支援員等の人的配置」「個に応じた指導や学びの場の設定等による特別な指導」や「交流及び共同学習の推進」の8項目について現状と課題をまとめて報告している。その報告の中で，「多様な学びの場（通常の学級，通級による指導，特別支援学級，特別支援学校）における環境整備と教職員の確保」についての重要性が指摘されており，高等学校においても自立活動等を指導することができるよう，特別の教育課程の編成について検討する必要があると述べている。これは特別な教育的ニーズのある子どもの学びの連続性の確保に関する言及である。

　この実現のために，2017年改訂の小学校学習指導要領等においても，「個々の児童生徒の障害の状態等に応じた指導内容や指導方法の工夫を組織的かつ継続的に行う」など，特別支援教育の充実を図る記述がなされている。そこでは，特別支援教育に関する教育課程編成の基本的な考え方や個に応じた指導を充実させるための教育課程実施上の留意事項等，自立活動に相当する内容が一体的に示されている。また，特別支援学級において実施する特別の教育課程の編成にかかわる基本的な考え方として自立活動を取り入れることや，通級による指導の自立活動について，各教科等と通級による指導との関連を図るなど，教師間の連携に努めることが新たに示されている。

　こうした特別支援教育の開始により，特別な教育的ニーズのある子どもの教育が，あらゆる教育場面で可能であるように整備されてきた。そして整備の結果，文部科学省の調査によれば，特別支援学級については2007年の11万3377

人のおおよそ2.5倍となる27万8140人となっている。また，通級による指導の対象者数では13万4185人で，2007年の4万5240人のおおよそ3倍である。人口全体における子どもの総数が減少しているにもかかわらず，特別支援教育の対象者数がいずれも顕著に増加する現状となっている。

　こうした状況に呼応して，特別支援教育を担う教員の専門性の確保が喫緊の課題となっている。「通常の学級に在籍する特別な教育的支援を必要とする児童生徒に関する調査結果について」（文部科学省, 2022a）から，通常学級に発達障害の可能性のある児童生徒が約8.8％在籍していることが明らかにされたが，これらの児童生徒に特定の教員だけでは対応できない状況になってきている。さらに，その障害の重度・重複化や多様化している事態も加わっている（中央教育審議会, 2021）。そうした中，特別支援教育にかかわる専門性はすべての教師に求められるものとするなど，特別支援教育のさらなる充実を図る取り組みと並行して，インクルーシブ教育の理念を実現しようとするのが日本の特徴といえよう。

　さらに，この「同じ場で学ぶ」と「多様な学びの場」との2つの側面を含む独自のインクルーシブ教育システムを，「ともに学ぶ権利の保障」と「学習内容の保障」の2つの観点から整理したい。

(2) 同じ場で学ぶ権利の保障

　障害のある者とない者が同じ場で学ぶ権利を保障する本邦での学校教育における取り組みの1つとして，交流および共同学習がある。文部科学省は「交流及び共同学習ガイド」において，交流および共同学習は障害のある子どもにとっても障害のない子どもにとってもお互いを尊重し合う大切さを学ぶ機会となること，相互のふれあいを通じて豊かな人間性を育むようにすることなど，その意義や目的について述べている（文部科学省, 2019）。同ガイドの文言は，障害のある子どもにとっては社会参加につながる重要な機会である一方，障害のない子どもにとっても障害理解を深めることができるという「同じ場で学ぶ権利の保障」に基づく施策が，共生社会の実現に向けた障害のない子どもにとっての有益な学びをももたらすことを示している。

　実際に，これまで小・中学校を対象にした調査からは，多くの交流および共同学習が行われている。これらの実践の成果としては，通常の学級の児童生徒における特別支援学級の子どもに対する理解の深まりが多くあげられる。しかし，こうした成果の一方で，「子ども同士の人間関係づくりに至らない」点や「特別支援学級在籍児の学びの充実」が課題として指摘されている（遠藤・佐藤，2012）。遠藤らの調査によれば，通常学級の学級担任たちは交流時の課題として，「どの子にも分かる授業の工夫」や「学習のねらいの共通理解」の必要性をあげている。さらに通常の学級担任は，インクルーシブ教育における配慮について「どの子にもわかる授業の工夫」や「特別支援学級の児童のことを考え，わかりやすい授業を心がけている」，「友達との関わりの場を設定する」との回答もしている（遠藤・佐藤，2012: 60-63）。

　このように現状では，通常の学級担任における交流および共同学習の意識は深まりつつあり，一部の目的を達成されつつあるといえる。しかし，一方で交流および共同学習に関する教師同士の打ち合わせの機会を設定することの困難や，通常学級担任と特別支援学級担任との意識のズレ等から生じる学習内容の保障については，多くの課題があることも確かである。

(3) 学習内容の保障

　通常学級における特別な教育的ニーズのある子どもの学びへの注目は，2007年より法制化された特別支援教育の実施を契機にする。この特別支援教育の実施により，従来の障害児教育で進められてきた各種の障害のある児童生徒に対する個別の支援や指導だけではなく，通常の学級に在籍する発達障害のある子どもへの積極的な支援，指導が含まれるようになったのである。これをきっかけに通常の発達の子どもを含めた一斉指導の中で，発達障害のある子どもへの支援がどのように展開されるべきかが具体的に検討されるようになった。

　発達障害のある子どもへの具体的支援について，公には小学校学習指導要領（平成29年告示）解説国語編（2018d）で，「指導計画作成上の配慮事項」に「障害のある児童への配慮事項」として初めて記載されたことに端を発する。そこには「障害のある児童等については，学習活動を行う場合に生じる困難さに応

じた指導内容や指導方法の工夫を計画的，組織的に行うこと」とある。さらに「個々の児童によって，見えにくさ，聞こえにくさ，道具の操作の困難さ，移動上の制約，健康面や安全面での制約，発音のしにくさ，心理的な不安定，人間関係形成の困難さ，読み書きや計算等の困難さ，注意の集中を持続することが苦手であることなど，学習活動を行う場合に生じる困難さが異なることに留意し，個々の児童の困難さに応じた指導内容や指導方法を工夫すること」と示したうえで，具体的に「拡大コピーやどこを読んでいるのかわかりやすくするスリットのような自助具の活用，視覚的な支援，ICT機器の活用等」と具体的に学習内容の保障するための支援策を示している。

こうした文部科学省の指示を通常の学級で授業する際の留意点について，山下は，以下の2点を述べている（山下, 2020）。1つは，その授業時間の指導内容において必要な支援や配慮を目指すという指導者の認識についてである。2つ目は，子どもの困難の現象のみではなく，背景要因を知る必要性についてである。山下が指摘するこれらの留意点からは，子どもに必要な支援や配慮を考案するためには，特別支援教育の知識・技能の必要性があることが示唆される。

このほかにもインクルーシブ教育を念頭に通常学級での授業を取り上げた実践が数多く報告されている。たとえば，東海林は，体育科指導に焦点を当てインクルーシブ教育における合理的配慮を障害別に検討している（東海林, 2022）。東海林は，知的障害児への配慮では，事前学習や対象の児童に対する周囲の児童の理解促進等が集団における当該児童の学習意欲を維持する要因であることを明らかにしている。その他の障害種への対応についても，事前学習や個別補助，興味関心への配慮や段階的な活動の導入によって学習参加を容易にするなどの工夫ができることを明らかにしている。

本邦の特別な教育的ニーズのある子どもの学習内容の保障では，上記の通常学級での工夫のほか，多様な学びに対応し，より手厚い学習内容の保障をする目的で通級による指導が制度化されている。

通級による指導は，多様な学びに対応する「学びの連続性の確保」の一環であり，インクルーシブ教育システムに位置づけられる。通級による指導は，2007年からの特別支援教育に先駆けて充実が図られた経緯がある。1993年の通級による指導の制度化である。この指導は，通常の学級で教育が受けられる

軽度の障害のある子どもを対象としたもので，各教科等の指導は通常の学級で行い，心身の障害に応じた特別の指導を特別の指導の場で行うという形態の指導である。

　通級による指導の内容は，「障害に応じた特別の指導」である。2018年に文部科学省によって発行された「障害に応じた通級による指導の手引き」においても，その指導内容を明示している。手引きによれば障害に応じた特別な指導とは，障害による学習上または生活上の困難を改善し，または克服することを目的とする指導であり，特別支援学校の特別な指導領域である自立活動の目標とするところである。こうした自立活動の内容に沿い，LD（学習障害）とADHD（注意欠陥多動性障害）には教科補充の内容を，自閉症には自立活動の内容を指導するなど認知特性に沿った実践も多く，通級による指導は充実してきた経緯がある（長田・都築, 2015）。

　通級による指導と通常学級の連携の必要性については，これまでの多くの先行研究でも指摘されており，連携の機会の保障や連携の形態について調査され，改善の必要性が提起されてきた。しかし，そうした提起は，通常の学級と通級による指導の連携の結果としてもたらされる指導の効果が，「通常の学級の場」にあるとの認識が根底にあって初めて機能するものである。このことについて長田らは，「通常の学級も通級指導教室においてもともに障害特性に応じた指導を行っていくことが発達障害児の発達を促すものと言える」と述べている（長田・都筑, 2015: 74）。通級による指導で扱う学習課題は，通級指導の教室の中で生じたり，解決したりすることで完結する類のものではない。通級による指導で扱う課題は通常の学級において生ずる生活上または学習上の困難のことである。下村もこのことについて，教科の補充が通級指導教室のように特化した配慮のある場でうまく学んだとしても，学校生活の大半を占める通常の学級での学びに活かされなければ，時間をかけて通級する価値がなくなってしまうと，その学習課題の主体や通級指導教室の意義について述べている（下村, 2014）。通常学級の教師をはじめ，学校において特別支援教育に直接携わる教員以外が，いかにこうした子どもの困難を理解し，彼らの認知に応じた特別な指導を想定するという自立活動の指導の発想をもつことができるかが重要な鍵となるといえよう。

　2018年から高等学校においても通級による指導が制度化され，義務教育を超えた年齢での特別な教育的ニーズへの対応が導入された。特別支援教育によって，小・中学校では通常の学級に在籍する特別な教育的ニーズのある児童生徒への支援が明確に規定され，特別支援学校のセンター的機能や専門家の巡回指導等を取り入れながら実践が積み重ねられてきた。しかし，学びの連続性確保の観点からは中学校以降の特別な教育的ニーズへの対応が断絶している様子があることについての指摘もある。この指摘から，進学後にも担当する教師によって，自立活動の内容となる本人の認知特性に合った支援を受けられる学びの連続を可能にする環境の設定の重要性が指摘されている。

(4) 双方を融合した新たなインクルーシブ教育

　ここまでは，同じ場で学ぶ権利の保障と学習内容の保障の現状について，困難のある子どもの側に立脚しながら整理してきた。そこからは，すべての教員が特別支援教育に関する専門性を確保する課題があった。こうした特別な教育的ニーズのある子どもの視点からの知見は，インクルーシブ教育の実現に間違いなく貢献するが，これに加えて，真にインクルーシブ教育を実現するには，「個別最適化された授業の創出」が必要である。「個別最適化された授業」とは，障害の枠組みを脱し，「個々の学びの充実」との視点から，授業における子どもの多様な学びの1つとして特別な教育的ニーズをも位置づける授業である。

　古澤は，インクルーシブ教育システムに関する文献や中央審議会答申，文部科学省学習指導要領などを調査することによって，小学校通常学級におけるインクルーシブ教育のあり方を検討している（古澤, 2018）。その結果，古澤はインクルーシブ教育を目指した授業の帰着点を，「特別な支援を必要とする子供のみならず，通常学級に在籍するすべての子供一人ひとりの教育的ニーズに応じた適切な指導及び必要な支援を行う（特別支援教育の視点からの事業づくり）に根ざしたものであり，充実した学びによって，一人一人の資質，能力を育成できるようにすることが大切である」としている（古澤, 2018: 121）。

　こうした発想を実現する方策の1つとして授業のユニバーサルデザイン化が

ある。ユニバーサルデザイン化された授業は，確かに子どもの多様な学び方の多くに対応が可能であることから，特別支援教育の実施以来，多くの注目を集め，さまざまな実践が積まれてきた経緯がある。しかし，これまでの授業のユニバーサルデザイン化には批判的論考もある。吉田（2015）は授業のユニバーサルデザイン化への批判として「授業のユニバーサルデザインがどのような障害にでも対応できるわけではないこと」「授業や教師の指導が平準化され，多様さに対応できない指導となる危険性」（吉田, 2015: 20）などの点を指摘している。日本授業UD（ユニバーサルデザイン）学会によれば，授業のユニバーサルデザインとは「特別な支援が必要な後含めて，通常学級の全員の子が，楽しく学び合い『わかる・できる』ことを目指す授業デザイン」（日本授業UD学会, 2020）である。さらに山田は，授業のユニバーサルデザイン化を，授業をわかりやすくするための努力の総体であるとし，特別支援教育の充実と，教科教育の充実の2つの側面があると述べている（山田, 2017）。そして具体的に，「特別支援教育の充実とは，発達障害のある子どもたちの特性に沿った授業の展開の工夫や特別支援教育の手法を授業の中に生かしていくこと」「教科教育の充実とは，いわゆる教材研究をしっかりしていくことで，子どもにわかりやすい導入の工夫や展開の工夫などをいう」（山田, 2017: 10）としている。

4. インクルーシブ教育の今後の展望

ここまで「ともに学ぶ権利の保障」と「学習内容の保障」との本邦のインクルーシブ教育理念が抱える2つの側面からの現状と課題を整理し，さらに「双方を融合する」との視点から今後のインクルーシブ教育の展望について検討した。

結論としては，これまでの特別な教育的ニーズのある子どもの視点に立った対応は，これからも改善されつつ継続する必要のある重要な経過であったといえる。この点の今後の改善の視点として，通常の学級担任をはじめ，すべての教員が，自立活動を核とした特別支援教育の知識・技能の獲得が目指される必要があることを指摘しておきたい。

　さらに，障害の枠を超え，「すべての子どもに最適な学びを提供する」との視座から，これまでの通常学級における授業のコンポーネントを再検討する必要があることを強調したい。通常の学級におけるすべての子どもに個別最適化された学習を可能にする授業のユニバーサルデザイン化の実現によって，すべての子どもの学びの保障に裏打ちされたインクルーシブ教育に近づきたいものである。

◆学習課題

　みなさんがこれまで経験してきた学校教育を，よりインクルーシブな学校にするためには，どういったことを検討する必要があると思うか考えてみよう。

引用・参考文献

遠藤恵美子・佐藤愼二（2012）「小学校における交流及び共同学習の現状と課題——A市の通常学級担任と特別支援学級担任への質問紙調査を通して」．『植草学園短期大学紀要』第13号，59-64.

長田洋一・都築繁幸（2015）「小学校通級指導教室における発達障害児の指導内容と指導形態の検討」．『障害者教育・福祉学研究』第11号，67-77.

酒井朗・谷川夏実（2019）「就学における選択と選別の社会学的研究」．『上智大学教育学論集』第53号，45-60.

下村治（2014）「中学校・通級指導教室　在籍学級に活きる教科の補充指導——特別支援教育と教科教育の理論を双方向に活用する実践」．『LD, ADHD & ASD』第12巻第3号，36-39.

東海林沙貴（2022）「小学校の通常学級の特別支援児に対する体育授業での合理的配慮に関する研究」．『中部学院大学・中部学院大学短期大学部研究紀要』第23号，91-100.

中央教育審議会（2021）「『令和の日本型学校教育』の構築を目指して——全ての子供たちの可能性を引き出す，個別最適な学びと，協働的な学びの実現（答申）」．

日本授業UD学会（2020）「授業UDカレッジとは」．http://www.udjapan.org/college.html（最終閲覧2022年12月1日）．

古澤誠朗（2018）「小学校通常学級におけるインクルーシブ教育を目指した音楽科の授業構想」．『学校音楽教育実践論集』第2集，120-121.

文部科学省（2012）「共生社会の形成に向けたインクルーシブ教育システム構築のための特別支援教育の推進（報告）」. https://www.mext.go.jp/b_menu/shingi/chukyo/chukyo3/044/attach/1321669.htm（最終閲覧2022年9月4日）.

文部科学省（2018a）『特別支援学校教育要領・学習指導要領解説 自立活動編（幼稚部・小学部・中学部）』. 開隆堂出版.

文部科学省編著（2018b）『改訂第3版 障害に応じた通級による指導の手引き——解説とQ&A』. 海文堂出版.

文部科学省（2018c）『特別支援学校幼稚部教育要領 小学部・中学部学習指導要領（平成29年4月告示）』. 海文堂出版.

文部科学省（2018d）『小学校学習指導要領（平成29年告示）解説』. 東洋館出版社.

文部科学省（2019）「交流及び共同学習ガイド（2019年3月改訂）」.

文部科学省（2022a）「通常の学級に在籍する特別な教育的支援を必要とする児童生徒に関する調査結果について」.

文部科学省（2022b）「特別支援学級及び通級による指導の適切な運用について」.

山下敦子（2020）「インクルーシブ教育における国語科指導についての現状と課題」.『神戸常盤大学紀要』第13号, 28-38.

山田充（2017）「通常の学級で発達障害のある子が学ぶための『ユニバーサルデザイン』『合理的配慮』」.『LD, ADHD & ASD』第15巻第4号, 8-11.

吉田茂孝（2015）「『授業のユニバーサルデザイン』の教育方法学的検討」.『障害者問題研究』第43巻第1号, 18-25.

付記

本章はJSPS科研費（課題番号22K02375）の研究成果の一部である。

第13章
災害と子ども

中丸 和

はじめに

　近年，自然災害の発生件数は変動を伴いながら増加傾向にある。また，過去5年間における激甚災害の指定状況を見ると，毎年何らかの激甚災害が発生していることがうかがえる（内閣府「過去5年の激甚災害の指定状況一覧」）。これらのことを鑑みれば，災害による被害を最小限にする防災・減災に向けて，災害時に人々が直面する課題および，それを解決するための支援方策を構築していくことは喫緊の課題であるといえよう。

　災害対策の基本を定める災害対策基本法の定義によると，災害とは「暴風，竜巻，豪雨，豪雪，洪水，崖崩れ，土石流，高潮，地震，津波，噴火，地滑りその他の異常な自然現象又は大規模な火事若しくは爆発その他その及ぼす被害の程度においてこれらに類する政令で定める原因により生ずる被害」（災害対策基本法第2条の1）のことを指し，必ずしも自然災害のみを指さない。つまり，人的災害（人災）も含まれる。こうした災害は，近年になって発生するようになったものではなく，歴史的に幾度となく人々を襲い，人々の生活や社会構造に大きな被害・影響を与えてきた。とくに，自然災害大国ともいわれる日本では，災害から人々をいかに守り，また災害に見舞われた人々の生活や地域がいかに復旧・復興できるのかということが重要な課題として認識され，さまざまな研究や活動が展開されているといってよいだろう。

　一方で，日本の保険医療関係者にとっては阪神淡路大震災において初めて，災害後の子どものストレス障害へのケアが注目を集めた（高岸・中村, 1996: 797）ともいわれるように，災害時における子どもの存在は古くから大きな注目を集めてきたとは言い難い。内閣府によると，避難行動や避難生活のために支援を

必要とする災害時要援護者として，要介護高齢者や障害者のほか，乳幼児が位置づけられている（内閣府, 2013）。要援護者としては乳幼児が主に取り上げられているものの，国連「子どもの権利条約」において18歳未満の子どもは成長の過程で特別な保護や配慮が必要であるとされている。このことも踏まえれば，災害時にあっても，乳幼児のみならず，18歳未満の子どもがもつ特有のニーズを把握したうえで，適切な保護・配慮が求められるといえよう。

　本章では，そうした災害時の子どものニーズに注目し，子どもはどういった影響を受けるのか，また災害と子どもに関する支援や研究としてどういったアプローチが試みられてきたのかについて紹介する。加えて，防災や減災といった文脈において子どもがいかに捉えられてきたのかについても述べる。

　なお，ここで扱う「災害」は，主に自然災害と原発事故に関するものであり，また自然災害の中でもとくに地震・津波や土石流災害であるが，災害の種類等によって子どもが受ける影響は異なることが十分あることには留意されたい。

1.　見逃されやすい災害時の子どものニーズ

　内閣府は災害時要援護者の避難所での生活を向上させるために，車いす利用者や視覚障害者への配慮として動線の確保を要請しているほか，発達障害者などがプライバシーを保てるスペースの確保に加えて，「子どもの遊びや学習のためのスペースの確保を進めることが望ましい」（内閣府, 2013: 43）とまとめている。こうした子どもの遊び場や学習の場が確保されていることは，子どもが災禍にあっても健全な発達を保障されるために非常に重要なことである。

　しかしながら，「高齢者や心身障害者などの災害時要援護者と比較すると，常に大人の保護下であると想定される子どもの災害時支援は優先順位が低く，災害時支援の重要性が理解されてない現状にある」（松永・新地, 2017: 251）という指摘もあるように，子どもの居場所支援など災害時の子どものニーズに合わせた支援策が実施されることは決して多くない。これは，災害時における子ども支援体制が未整備であるといった原因も考えられるが，そもそも子どもたち

が災害時に特有の支援ニーズをもっているということ自体が認識されづらいことが明らかにされてきた。たとえば，東日本大震災において応急仮設住宅に暮らす住民への支援活動に関する報告を行った上野まりは，「超高齢社会である我が国の被災地の場合，脆弱な存在として，数の多い持病を抱えている高齢者と障がい者がまず挙げられるだろう。そのため高齢者が多い仮設では，少数派の災害弱者である子どもは，悲しみを言葉や行動で十分に表現できる大人の陰に隠れてしまいやすい存在でもある」（上野, 2017: 29）と主張している。加えて，小・中学校の児童生徒を対象とした被害状況・生活実態・精神健康に関する調査を行った藤森和美によって，「元気な姿」が表出している一方で，体調や生活に不調を訴える回答も同時に存在し，「実際の心の状態にたどりつく前に『元気な姿』という高い壁にぶつかってしまい，奥に進めないかもしれない」（藤森, 1997: 48）ことが指摘されている。この指摘からは，表面的に見えている子どもの元気な姿のみを捉えてしまうと，支援のニーズが把握されずに見逃されてしまう可能性が高くなってしまうということが示唆されるだろう。

　以上のように，子どもたちは一見平気であったり，むしろ元気であったりするように見えることから，抱えている困難が見逃されたり，親などの大人の保護下にあることが前提とされているがために支援の優先順位が高くならなかったりする状態にあるのである。しかしながら，子どもも少なからず災害によって影響を受けることは，災害後のPTSD（心的外傷後ストレス障害）の発症事例が多数報告されていることからも明らかである。そのため，災害後に子どもたちがどういった困難を抱えるのか，どういった支援が必要とされるのかを明らかにし，そこへの対応を考えていくことが重要である。次節ではそうした「子どもたちが災害によっていかなる影響を受けるのか」ということについて，(1) 避難所生活を中心とする期間における影響と，(2) 中長期的な影響という2つの段階に分けて見ていこう。

2. 災害が子どもに与える影響

(1) 避難所生活を中心とする期間に見られる影響

　避難先での生活は，とくに避難直後においては，まず子どもたちの食事や精神的な面での不安定さが見られる。たとえば食事の面では，ライフラインが利用できないことで生鮮食品を食べることが難しかったり，また個装ができるために支援物資として配給しやすい菓子パン等に食事が偏ってしまったりする可能性がある（川野・伊藤・高橋, 2009）。また，精神的な面では，大きな物音にこれまで以上に驚いたり，怯えたりする様子などが見られる。

　また，災害直後は学校が避難所となる場合も多く，学校が休校するために子どもたち同士が集まれる場所や子どもたちが自由に遊んだり学習をしたりすることのできる場所が不足してしまう。第1節の冒頭で内閣府がそうした子どもたちの遊びや学習のスペースの確保が重要であるとしていることを紹介した。しかしながら，実際の災害時の避難所ではそうしたスペースが必ずしも確保されているとは現時点ではいえない状況にある。実際に，子どもの居場所のなさを訴える保護者の声も災害の現場では聞かれる。

　さらに，子どもたちが遊んだり，友だち同士でおしゃべりをしていることが「他の避難している人々への迷惑行為」として捉えられてしまう，あるいは捉えられてしまうのではないかという不安に保護者や子どもたちが駆られることで，子どもたちが自由に遊ぶことを自ら制限しなくてはならない状況に置かれることもあるのである。とくに，発達障害の子どもが大きな声を発してしまうことで，その親子が避難所からやむをえず出て行かなくてはならない状況に追い込まれてしまうという事例もある。

　以上のように，避難生活を中心とする期間において，子どもたちは食生活等のライフラインが断絶することによる影響を受けるほか，災害に遭遇したことによる精神的な影響も見られる。他方で，そうした影響を受ける中で，子どもたちにとって重要だと考えられる遊び・学習のための場所や機会を確保することも難しい状況に同時に置かれてしまう。

　こうした子どもたちの避難所での生活等におけるニーズに対し，これまでさまざまな支援が行われてきた。民間の支援ではあるが，NPO法人などの支援団体が災害支援の大きな役割を担うことも多い。たとえば，筆者も活動を行っているNPO法人ROJE（日本教育再興連盟）では，他の子ども支援団体と連携しながら，災害直後から避難所等で子どもを預かり，子どもたちが自由に遊び，学習ができる居場所づくりを実施している。子どもたちが集まる居場所をつくることによって，子どもたちは気兼ねなくからだを動かしたり遊んだりすることができる。また，それだけではなく，子どもたちが保護者の手から離れる時間があることで，保護者が災害後に必要となるさまざまな片づけや手続きの時間を確保することができるようになる。これは，子どもは大人の保護下にあるとして，子どものケアは保護者によって担われると考えることで，子どものニーズも保護者の負担も見えづらくなっている状況を解決する糸口になるのではないかと考えている。

　ここで紹介した支援活動や子どもたちが直面する困難以外にもさまざまな事例が存在するが，これまでの研究ではとくに災害直後の子どもや子育て家庭が具体的にどのような環境に置かれており，それを支えるためにどういった制度があるのか（あるいはないのか）という検討はあまりなされてこなかった。今後，より適切な支援や制度設計をしていくためには，より丁寧にそうした事例の検討を蓄積していくことが求められる。

　ここまで，災害から時間の経過が浅い，避難所生活を中心とした期間に焦点を当ててきたが，災害の影響は短期間ではなく中長期的なものとなることもある。続く次項では，そうした中長期的な影響としてどういったことが指摘されてきたのかについて見ていこう。

(2) 中長期的な影響

　災害後，仮設住宅や災害公営住宅の建設，住宅の再建等が進むにつれ，避難所は閉鎖に向かう。前節では主に，避難所という非日常的な空間に置かれた際の子どもたちへの影響やそのニーズについて述べてきた。そうした災害直後においては食料などの物品やスペースの確保などのニーズがあったが，復旧や復

興が進み「日常」が取り戻されていく中で，そうした比較的目に見えやすい問題は減少していく。他方で，災害が子どもに与える影響は災害直後のみならず，中長期的に及ぶこともこれまでの調査研究により明らかにされてきた。そうした中長期的な影響として，以下ではまず子どもへの心的影響について述べる。

① 子どもへの心的影響

　街が破壊される様子の目撃，家族や友人の喪失，または生活の急変など，災害時には子どもたちはさまざまなストレスにさらされる。そうしたストレスへの反応として，前述したように災害直後から身体的・心理的反応を示す子どももいるが，災害発生後中長期のスパンでその反応が表出する子どももいる。たとえば，災害後の時期ごとに現れる子どもの心の問題の特徴を示した本間博彰は，災害中期（2か月後〜1年後）と災害後期（1年後〜）に見られる特徴として次のことをあげている（本間, 2016）。災害中期では，子どもは，急性期にじっと抑え込んでいた不安な気持ちや甘えたい気持ち，そして理不尽な自然災害に対する怒りなどの感情を表し始める。また，頼るべき親が頼りにならないことに気づかされ，失望感や絶望感を抱く子どもも出現する。災害後期には，明瞭な心の症状は後退し，代わって，それまで目立たなかった問題や，環境の変化によって形成された問題が加わるという。このことからは災害直後ではなく，中期に心の症状が表出することがあるということ，また災害後期にも明確には症状として捉えることができずとも，災害の影響による困難がなくなったわけではないということがわかる。加えて，子どもへの災害の長期的な影響として，ほかにも心の問題を訴える人数自体は時間の経過とともに減少するが，遅れて問題が現れたり持続化する子どももいる（吉田・本間・小野寺, 2011）ことや，体調においても全般的には回復傾向を示すものの，「小さな物音に驚く」「すぐ怒ったり，興奮しやすい」などの症状は震災から4年後時点でも低下傾向を示さなかった（北山, 2012）といった報告もある。これらのことを踏まえれば，症状が明瞭でなくなった災害後期においても継続的な支援が求められる。また，中期に表出しやすい感情も，災害直後にじっと抑え込んでいたものであり，子どもの心の問題を緩和するためにも，災害直後に子どもたちにどのよう

な支援が必要なのかについても今後検討していく余地があるといえる。

　ここまで見てきたものは，災害によって子どもたちの心に与える「負」の影響であるといえるが，災害によるトラウマ経験を経て，「正」の方向へと成長する可能性もまた指摘されてきた。そうしたトラウマ経験に直面した人がさまざまなストレスを経験しつつ，苦悩と向き合う中で生じる人としてのこころの成長は，PTG（Post Traumatic Growth）としてとくに心理学の分野で研究が行われている。

　以上のように，心理学や医療の分野を中心に，災害が子どもたちに与える心的な影響に関しては，多くの知見が蓄積されてきた。そのため，災害後の子どもたちへの支援としても，「心のケア」が注目されている。たとえば，東日本大震災で被災した子どもたちへの支援として，文科省は臨床心理士や緊急スクールカウンセラーの派遣事業などを実施した（文部科学省, 2012）。一方で，こうした子ども個人に焦点を当てた場合だけでなく，災害が社会構造を変化させ，そのことが子どもたちに影響を与えることも考えられる。

②地域社会の変化による子どもへの影響

　前項では主に心の問題に焦点を当てた研究を紹介したが，個人の心への影響のみならず，とくに大規模な災害は地域社会の構造に大きな影響を及ぼす。たとえば，東日本大震災では岩手県・宮城県・福島県といった震災の被害を大きく受けた地域で人口減少や少子高齢化の急速な進行が見られる。また，農業や漁業などの第一次産業に就いていた人々をはじめとして多くの住民が失業し，就業の継続が困難な状況となった。ほかにも阪神・淡路大震災後の復興政策の中で地域コミュニティが崩壊・分断されてしまったという事例があることも報告されている（塩崎, 2014）。こうした災害による地域社会の変化は子どもたちにもさまざまな影響を与えうる。

　たとえば，東日本大震災の被災地に住む子どもたちの「キャリア意識」に着目した伊藤によると，被災地域の子どもたちは，他地域の子どもたちに比べて「キャリア意識」が低い状況にあるという（伊藤, 2019）。伊藤の研究では，対象地域が被災地域に限られていたことなどもあり，震災の影響とキャリア意識との間に直接の因果関係は認められなかった。一方で，たとえば伊藤が行った

学校への聞き取り調査において「避難指示が出された地域では，有無を言わさず，その地域で働くことは不可能となり，それまでにあった職業が『消滅』している。こうした中で実際に職業体験を行ったり，見学したりすることは実質的に不可能である」(伊藤, 2019: 42) という声もあったという。このことからは，子どもたちのキャリア意識を形成する教育活動の1つが，震災の影響によって実施が困難となってしまっている現状があることが読み取れる。そして，そうした本来行えるはずであった教育活動ができなくなってしまうということは，子どもたちが受けることのできたはずの教育機会の喪失という意味で，震災 (ここではとくに原発事故) による職業構造や地域の状況の変化が子どもたちの成長発達に影響を与えている可能性が十分にあると考えられるのである。

　職業構造の変化に限らず，地域コミュニティの構成員が災害の影響で変容したり，学校の児童生徒数が減少したりするなど，ほかにも災害が地域社会の構造を変化させ，それによって子どもたちが何らかの影響を受けることも考えられる。また，先ほど述べたようなネガティブな影響に加えて，震災を機としたポジティブな影響を指摘する研究もある。妹尾は，岩手県の大学等進学率について，被災地域の女子の大学等進学率が震災後短期的 (2014～2016年) に上昇傾向を見せたことを指摘している。この背景として妹尾は，被災者を対象とした大学等進学に関連する奨学金や授業料免除等の就学支援などの財政措置によって家計の予算制約が軽減したことをあげている。同時に，災害は長期的には将来の物的資本の相対的価値を低下させ，物的資本から人的資本 (教育資本) への投資のインセンティブを高める。こうしたインセンティブが家計の予算制約を上回った結果が進学率の上昇につながっている可能性があるという (妹尾, 2020)。加えて，奨学金等の情報がNPO等の支援団体からもたらされた可能性についても指摘している。

　この妹尾の研究からは，震災が人的資本 (教育資本) の投資に正の影響を与える可能性が示唆されているが，その背景の1つにはあくまで国の財政的支援措置やNPO等による支援活動があるということを忘れてはならない。単に震災をきっかけとしてポジティブな状況に変化したのではなく，そこに財政的な補助のほか，地域内外のさまざまな団体等による支援活動の努力があったからこその変化なのである。

　以上のような地域社会の変化が子どもたちに与える影響は，災害直後のみならず中長期的に出現してくるものであると考えられる。災害から時間がたてばたつほど，「災害の影響」というものを汲み取ることは難しくなっていく。とくに，災害によって中長期的に地域の構造変化が起こり，そのための影響を子どもたちが受けている場合，その背景にあるものはより複雑になり，特定が難しくなる。しかしながら，災害をきっかけに地域社会や子どもたちにどういった変化が見られるのかについては，被災地の復興を構想していくうえでも，多発する災害後の対応について考えていくうえでも，丹念に観察し記録・分析し，そこにどう私たちがかかわることができるのかを考えることが求められる。

(3) 子ども支援における子どもの参加

　これまでに検討してきた災害時の子どものニーズの特定や子ども支援は，子どものことを思ってという大人の保護の観点からのみ行われてしまうことがある。しかしながら，保護という点からだけでなく，子どもたちの意見表明や参加のプロセスを重視することの必要性が指摘されてきた。

　安部芳絵は，国連子どもの権利条約の第12条「子どもの意見の尊重」という規定に則り，子どもの最善の利益の保障のためには，大人が子どもの声に耳を傾け，子どもとともに考えるというかたちの子ども参加が不可欠であるということに着目し，災害復興期の子どもの参加について検討している。加えて，国連子どもの権利委員会が，第12条に掲げられた権利は，「危機的状況またはその直後の時期においても停止しないことを強調」していること，そして子ども参加は「子どもたちが自分たちの生活をふたたびコントロールできるようにするうえで役立ち，立ち直りに寄与し，組織的スキルを発展させ，かつアイデンティティの感覚を強化する」ことを踏まえると，緊急事態下にあっても子どもの参加が重要であるという（安部, 2016）。

　一方で，安部は東日本大震災後に策定された市町村復興計画では全体の2割弱という低い割合でしか子どもの参加が組み込まれていないことを指摘しており，そのことからは日本では災害復興期における子どもの参加の視点が参照さ

れにくいことが読み取れる。

　とくに災害などの緊急時の子ども支援では，保護の対象としての子どもという姿に目が行きがちになるが，安部の指摘を踏まえれば，そうした保護を考えるうえでも，子どもたちの意見を聞くことが重要であるといえる。上記で見てきた災害後の復旧・復興段階における子どものニーズの特定や支援活動においては，「子どもの参加」の視点を含めた構想が求められるだろう。

3.　防災における子ども

　第2節までは災害が発生した後，その災害の影響がいかなるものなのか，またその影響にどう対応していくことができるのかについて述べてきた。他方で，被害を受けた地域や人々の生活を復旧するだけにとどまらず，そうした災害経験による教訓や災害という歴史的事実を記録し，伝え，次の災害に向けた防災・減災につなげようとする活動も行われてきた。ここではその中でもとくに，学校における防災教育について述べる。

　学校で行われる「防災教育」と聞いて，何を想像するだろうか。サイレンが鳴った後に机の下に隠れ，その後校庭へ避難し，最後に教頭先生から「みなさんが避難するまで○分○秒かかりました」といった総括を受ける避難訓練だろうか。現在，こうした活動だけでなく，防災食を試食してみたり，消防車が来て消火体験をしてみたりするといったものも行われている。ほかにも，語り部の話を聞いたり，防災について学べるゲームを実施したりするといった「防災教育」もあり，全国で多様な実践が展開されている。加えて，学校での実践に限らず，防災教育は，企業内の研修など地域の中でさまざまな組織によって担われている。しかしながら，あえて学校で防災教育を実施することが重要であると考えられる。その理由を以下で見ていこう。

　学校における防災教育については，2009（平成21）年から「学校保健安全法」が施行されており，「各学校においては，この『学校保健安全法』の趣旨を踏まえ，防災の観点も取り入れた施設及び設備の安全点検，児童生徒等に対する通学を含めた学校生活その他の日常生活における安全に関する指導や，教職員

の研修等について，学校安全計画を立て実施することが義務づけられている」（文部科学省，2013）。つまり，学校教育においてはまず，児童生徒等の安全を確保するという観点から，安全に関する指導等の重要性が説かれている。

　さらに，児童生徒それぞれの安全確保のみならず，地域社会全体の防災力を向上していくうえでも学校における児童生徒に向けた防災教育が肝要であることが指摘されてきた。

　片田敏孝は一般向けに防災講演会を行っても参加者は同じで防災意識が高い人ばかりであるということから，無関心層にも伝えるために学校教育に着目している（片田，2012a）。そして，防災教育を学校教育で子どもたちを対象とするのは，「防災教育を受けた小中学生は，いずれ成人して家庭をもつ。これにより，防災意識が家族間，ひいては地域間で継承されるようになり，やがてその意識が地域の常識として，『災害文化』として根付いていくようになる」ことがねらいとしてあるという。さらに，片田は「子どもたちへの防災教育を介して，それを家庭に広める」こともねらいとしているといい，「生活に追われ，防災講演会になかなか参加してもらえない小中学生の親世代でも，自分の子どものことであれば強い関心を示す」と考えたという（片田，2012a: 40）。こうした片田の考え方のもと，学校における防災教育を実践してきた釜石市では東日本大震災の際に，子どもたちが津波から逃げるよう大人たちを説得し，少なくない命を救った事例もある。

　つまり，子どもたち（ひいては地域の大人たち）の命を守るため，そして未来にわたって地域に災害文化を根付かせていき，未来の命も守っていくために，学校において子どもたちに防災教育を行っていくことは重要であるといえよう。

　一方で，自分は防災教育といったら避難訓練しかしたことがないぞという人も多くいるだろう。実際に，上記であげたようなさまざまな防災教育の実践は，特定の団体のみが行っていたり，地域により偏りがあることが課題となっている。また，学校における防災教育の担い手の不足もまた指摘されている（文部科学省「現在の防災教育における課題」）。こうした課題に加えて，教員の多忙化が叫ばれる中でいかに防災教育を実施していくのかといった問題もあり，ここで紹介した課題や事例はごく一部にすぎない。子どもだけでなく，大人も含め人々の命を守っていくために，いかなる防災教育をいかにして実現してい

くかをさらに検討していくことが肝要であろう。

おわりに

　災害は「緊急時」ではあるものの，とくに災害が多発する今日においてはそうした緊急時でも子どもたちの権利保障のための制度や支援のあり方を考えていくことは重要である。また，そうした緊急時における対応や緊急時に表出する課題というものが日常の中での課題に通ずる場合も往々にして存在し，そうした課題としっかりと向き合っていくことが，日常の子どもを取り囲む環境改善においても大切であろう。

　最後に，ここで紹介した論文等はこれまで蓄積されてきた研究・事例のほんの一部にすぎない。より詳しい研究等については，引用文献や参考文献を読んでいただき，災害時にあっても子どもたちの教育を受ける権利や基本的な生活が損なわれないために必要な研究や実践について考えを深めていっていただければ幸いである。

> ◆学習課題
> 　災害発生からの時間経過とともに，被災した子どもたちの環境や問題状況はどのように変化するのかをまとめたうえで，子どもたちが直面する問題のうち1つを取り上げ，いかなる支援が可能かを考えてみよう。

引用・参考文献

安部芳絵（2016）『災害と子ども支援──復興のまちづくりに子ども参加を』．学文社.

伊藤駿（2019）「福島原発事故避難地域における子どものキャリア意識の実態把握と課題の考察」．『生協総研賞・第15回助成事業研究論文集』，39-50.

上野まり（2017）「被災地における子どもへの支援を考える──A市における支援活動の体験を通して」．『学校救急看護研究』第10巻第1号，26-31.

片田敏孝（2012a）「子どもたちを守った『姿勢の防災教育』──大津波から生き抜いた釜石

市の児童・生徒の主体的行動に学ぶ」．『災害情報』10，37-42.

片田敏孝（2012b）『人が死なない防災』．集英社新書.

川野直子・伊藤輝子・高橋東生（2009）「新潟県中越地震における地域コミュニティと子供の食環境に関する実態調査」．『日本公衆衛生雑誌』第56巻第7号，456-462.

北山真次（2012）「災害に遭遇した子どもたち」．『日本小児科学会雑誌』第116巻第12号，1813-1828.

塩崎賢明（2014）『復興〈災害〉——阪神・淡路大震災と東日本大震災』．岩波新書.

清水睦美・妹尾渉・日下田岳史・堀健志・松田洋介・山本宏樹（2020）『震災と学校のエスノグラフィー——近代教育システムの慣性と摩擦』．勁草書房.

妹尾渉（2020）「被災地の進路選択」．清水睦美・妹尾渉・日下田岳史・堀健志・松田洋介・山本宏樹『震災と学校のエスノグラフィー——近代教育システムの慣性と摩擦』．勁草書房，284-299.

高岸由香・中村安秀（1996）「子どもたちの災害後ストレス障害」．『保健の科学』第38巻第12号，797-801.

内閣府「過去5年の激甚災害の指定状況一覧」．http://www.bousai.go.jp/taisaku/gekijinhukko/list.html（最終閲覧2022年8月30日）.

内閣府（2013）「災害時要援護者の避難支援に関する検討会　報告書」．http://www.bousai.go.jp/taisaku/hisaisyagyousei/youengosya/h24_kentoukai/houkokusyo.pdf（最終閲覧2022年12月28日）.

藤森和美（1997）「災害が子どもに及ぼす影響——北海道南西沖地震を体験した子どものストレス」．『教育と医学』第45巻第8号，45-53.

本間博彰（2016）「災害時の子どもの心のケア——災害後期を見越した急性期・中期の対応について」．『地域保健』第47巻第6号，30-35.

松永妃都美・新地浩一（2017）「子どもと母親への災害時の心身医学的支援」．『心身医学』第57巻第3号，251-256.

文部科学省（2012）「東日本大震災の被災地における子どもの心のケアについて——学校教育関係」．https://www.reconstruction.go.jp/topics/main-cat2/sub-cat2-4/20131011_monkasyou.pdf（最終閲覧2022年12月28日）.

文部科学省（2013）「学校防災のための参考資料『生きる力』を育む防災教育の展開」．https://anzenkyouiku.mext.go.jp/mextshiryou/data/saigai03.pdf（最終閲覧2022年12月22日）.

文部科学省「現在の防災教育における課題」．https://www.mext.go.jp/b_menu/shingi/chousa/kaihatu/006/shiryo/attach/1367196.htm（最終閲覧2022年9月25日）.

吉田弘和・本間博彰・小野寺磁実（2011）「東日本大震災が子どものメンタルヘルスに与え

た影響：宮城県における取り組みの検討」．『明治安田こころの健康財団　研究助成論文集』
47，128-134.

付記
本章は，伊藤駿・中丸和「災害時の子ども支援に関する研究の動向と今後の課題——災害
時に子どもが直面する困難とその支援方策に着目して」．『子ども学論集』8，69-79の一部
を修正したものを含む。また，本章はJSPS科研費（研究課題番号：22J21023）の助成を
受け実施した研究成果の一部である。

第14章
コロナ禍と子ども

伊藤　駿

はじめに

　本章では新型コロナウイルス（以下，新型コロナ）の流行（以下，コロナ禍）を
テーマに子どもたちを取り巻いている状況について検討していく。第13章で
は災害と子どもがテーマとなっているが，コロナ禍もまた災禍の1つであるこ
とに違いはない。しかし，これまで起きた災害のほぼすべてが特定の地域に限
られたものであったのに対して，コロナ禍に直面しなかった国や地域はないと
言い切ってもよいだろう。

　特定の地域において災害が起こった場合，速やかに他の地域からボランティ
アや物資といった資源が投入され支援活動が行われる。しかしながらコロナ禍
においては，そもそも人と人との接触が制限され，さらには全員が影響を受け
ていたため，これまでの災害支援の前提が機能しなくなってしまった。すなわ
ち，コロナ禍はまさに未曾有の災害であると同時に，これまでとは異なる対応
を人々に迫ったのである。

　しかし，これまでとは異なる，つまり新たな対応策を講じることは簡単なこ
とではない。おそらく読者のみなさんも何らかの混乱を抱えながらコロナ禍を
過ごしたのではないだろうか。それは当然，子どもたち，また子どもたちを取
り巻く学校や園，そしてそこで働く人々も同様である。本章では，まずコロナ
禍に対して教育政策がいかに対応したのかを概観する（第1節）。その後，コロ
ナ禍が子どもたちにどのような影響を与えたのかを述べる（第2節）。そして第
3節においては，コロナ禍を通じて生まれた子ども支援のかたちを，実際の取
り組みをもとに紹介する。最後に第4節においては，コロナ禍で得た知見をい
かにコロナ後に活かしていくのかを考察していく。なお，本章を執筆している

2022（令和4）年8月においてもなおコロナ禍は継続しており，本章で述べる教育政策の対応や子どもへの影響が今後変化する可能性は否定できない。そのため，読者のみなさんは，この限界を知ったうえで，最新の知見を確認していただきたいと思う。

1.　コロナ禍の教育政策

　2020（令和2）年当初より世界中を騒がせた新型コロナであるが，日本の教育に対して最もインパクトを与えた出来事は，2020（令和2）年2月27日に当時の首相より出された「一斉休校要請」であったといって間違いない。必要な手続きをほとんど経ることなく，首相から発せられた超法規的措置は否応なしに学校に休校を迫り，それに伴い大混乱を引き起こした。本節ではまず，この休校を皮切りに日本における教育政策がどのように展開されたのかを確認していく[1]。

(1)　休校期間中

　2020（令和2）年2月27日の夕方に当時の首相より3月2日から春休みまでの臨時休校が要請され，結果として99％の学校が休校状態になった。2月27日は木曜日であり，それはすなわち翌日をもって当該年度の教育活動を止めることを意味していた。なお，この首相による休校要請には，その法的妥当性や感染症対策としての効果の有無を中心に批判が根強く残っている[2]。もちろん，災害と同じく新型コロナの特性が不明確である中においては「仕方ない」措置であったと考えることもできる。しかし，「仕方ない」からといってその効果の有無を検討しなくてよいということにはならない。まさに有事の際の対応として今後もその効果を検討し続け，今後の災禍に備えるための礎とすることが必要であろう。

　当初は春休み中いっぱいの休校予定であり，4割程度の学校は新年度から再開したが，4月7日より一部地域に，そして同月16日からは全国に緊急事態宣

言が発出されたことにより，ほとんどの学校が再び休校状態となった。すなわち，子どもたちの学習の場が学校から家庭へと移されることになったのである。

　休校が長期化するなか，たとえばICT（情報通信技術）端末を保有しているか否か，また家庭で学習の相談ができる人がいるか否かといった状況によって子どもたちの学力等に影響が出る「格差」への懸念が示されるようになる（毎日新聞, 2021）。こうした懸念に対して，文部科学省（以下，文科省）が中心となり「子供の学び応援サイト」が開設され，活用できる学習教材等が提供された。また，学校は休校しているものの保護者が働いている家庭などのことを踏まえ，放課後児童クラブについては開室が認められ，そこを教職員が補助することも容認されていた。

（2）学校再開後

　5月26日に緊急事態宣言が解除されると学校も徐々に再開する見込みとなった。しかし，休校期間の学習内容を取り戻すことは容易ではない。そこで文科省は「登校日の設定，分散登校の実施，時間割編成の工夫，長期休業期間の見直し，土曜日の活用，学校行事の重点化や準備時間の縮減等により，学校における指導を充実」させた場合であっても，当初予定していた指導を2020（令和2）年度中に終えられない場合には，特例として「教育課程の編成見直し」と「学びの重点化」による学習保障を行うことを提案した。すなわち，年度内に終了しなければならない「教育課程」を終えられないことや協働学習などの学校でしか行えないことといった「学びの重点」を定め，学習内容を保障することが認められたのである。

　また学校に求められることとして，学習の再開と感染対策の両立があった。そのためにICTの活用が注目されることになる。とくに当初2023（令和5）年度までに全国の学校にICT端末を整備することを想定していたGIGAスクール構想について，その実現を大幅に前倒しするため2020（令和2）年度補正予算として2292億円が組まれ，結果として同年度内に96.5％の学校でICT端末が納品される見込みとなった。さらに文科省CBT（Computer Based Testing）シ

ステム（MEXCBT：メクビット）が構想され，プロトタイプの提供が同年度からなされた。MEXCBTとは児童生徒が学校や家庭において，学習やアセスメントができるシステムである。GIGAスクール構想によって配られたICT端末を活用し，デジタルならではの学びをつくり上げることを目指したのである。

　ただし，こうしたICTの活用の機運が高まっていった一方で，休校期間中，また休校後も家庭でICTを活用した学びを授業時数として換算することは認められなかった。なお，不登校児童生徒に対しては家庭でICT等を活用し支援を充実させ，学校への復帰や社会的な自立を目的とするといった一定の条件を満たしている場合は，授業時数として換算することが認められていた。

　また，翌年（2021年）1月には感染拡大を受け1都3県に，その後順次11道府県に緊急事態宣言が発出された。しかし，文科省は緊急事態宣言下においても一斉休校は要求せず，むしろ避けることを要求していた（NHK, 2021）。すなわち，感染対策と学校の維持の両立を図る，いうなればウィズコロナの学校教育を目指していったのである。

2. コロナ禍の子ども

　前節で見てきたようにコロナ禍において学校はさまざまな対応を迫られた。そして大きな影響を受けたのは子どもたちも同じである。本節ではコロナ禍が子どもたちにいかなる影響を与えたのかについて，いくつかの調査結果をもとに確認していこう。

　まず，先述のとおりコロナ禍当初から懸念されていた「格差」の問題を検討していこう。そもそも，ICT端末の配備状況や活用状況が自治体によって差があり（文部科学省, 2020），学習機会の保障が質量ともに自治体ごとで格差があることは想像に難くない。また，中丸和によれば，文科省は他国（たとえば，伊藤, 2022）と比較してマイノリティの子どもたちへの支援についてほとんど言及していない（中丸, 印刷中）。こうした状況を踏まえれば，子どもたちの学力に一定の影響があることも推察される。

　しかし，実際には学力への影響は現在のところ認められていない（日本経済

新聞, 2022)。なぜであろうか。これは想像の域を出ないが，何よりも早くから学校現場や社会では格差への懸念が示され，現場の人々が対応に努力した結果にほかならない。急なオンライン授業への対応や，休校中であっても子どもたちとのコミュニケーションを絶やさないようにさまざまな工夫がなされてきたことは先述の先行研究からも明らかであり，それが一定の結果を得たと考えられるのである。

　また，格差と同様に懸念が示されてきたことに子どもへの「虐待」があげられる。コロナ禍により保護者と子どもがともに過ごす時間が長くなり，また先行きの見えない中でストレスがたまることや，教員という第三者が日々子どもの様子を見ることができなくなってしまうということが考えられたためである。では実際はどうだったのか。毎年警察庁が児童相談所に通告された子どもの虐待件数を発表しているが，2019年（令和元）は前年比22.4％増，2020（令和2）年は8.9％増，2021（令和3）年は1.0％増と，それまでと比較して増加率が大きく減少している。もちろん通告数は増加しているわけだが，なぜそれまでと比較して増加率が減少したのであろうか。この理由の1つに先ほど述べたコロナ禍により子どもたちと第三者が接触する回数が減り，異変に気づくことができず，結果として虐待が潜在化してしまっているということが考えられる（読売新聞, 2022）。また，厚生労働省によれば，コロナ禍において，ひとり親家庭が厳しい状況に置かれていることが指摘されている。厳しい状況に置かれている人ほど孤立した状況に置かれてしまい，子どもや保護者の異変に，より気づかれにくい状況にあったのである。

　さらに子どもたちへの影響には，すぐに見られる影響もあれば時間がたってから顕在化するものもある。このことを踏まえ，国立成育医療研究センター社会医学研究部・こころの診療部の研究者や医師は，定期的にアンケート調査をオンラインと郵送で実施している。2022（令和4）年9月時点で第7回までの調査結果が報告されている。なお，オンラインでの調査についてはSNS等での呼びかけにより回答者を集めているという点で，サンプリングの手続きには課題があることに注意が必要である。

　たとえば第6回の調査（2021年9月13〜30日実施）では，「コロナのことを考えると嫌だ」と答えた子どもは子ども全体の38％，集中できないと回答したの

は26％に，イライラしてしまうと回答したのは28％にのぼっている。およそ3人に1人がコロナのことを考えたくないと思っており，4人に1人がコロナ禍において何らかの心理的負担を感じているのである。

また，第7回の調査（2021年12月8〜31日実施）では，コロナ以前と比較して，22％の家庭の経済的状況が悪化したと回答しており，6％は収入が大きく減ったとしている。また，大事なイベントがコロナのせいでキャンセルになったと回答した人は69％にのぼり，家庭内不和の状況にある家庭が3％存在している。そうした中で，小学校5〜6年生の9％，中学生では13％に中等度以上のうつ症状が見られたと指摘している。さらに，子どもも保護者も抑うつ傾向にあり，援助の求め方がわからないという指摘もなされている。

さて，ここまでコロナ禍が子どもたちにどのような影響を与えているのかということを見てきた。当初懸念されていた格差の問題は現場の奮闘もあり認められなかったが，虐待などはコロナ禍により潜在化してしまっていることが危惧される状況にあった。また，子どもや保護者の心理的な状況についても決して小さくない影響を与えており，引き続きの支援が必要であると考えられる。

3.　子ども支援から見たコロナ禍を通じた変化

前節で見てきたとおり，本稿を執筆している2022（令和4）年8月現在でコロナ禍による子どもたちへの影響の大きさが確認された。ではこうした状況に対して社会はいかに対応しようとしてきたのだろうか。たとえば学校の対応については川崎雅和や中原淳らが詳しくまとめている（川崎, 2021, 中原ほか, 2021）。こうした知見は有事の際にいかなる危機に瀕するのか，そしてどのような対応が可能なのかということを明らかにするものである。しかし，ではコロナ禍が終わったのち（コロナ禍が終わる，ということがありうるのかどうかは置いておいて）には，またコロナの前の状況に戻ることがよいのであろうか。むしろ，コロナを契機に生まれたポジティブな変化は継承していくべきである，というのが筆者の見解である。

ここではその一例として，筆者らが2021年から取り組んでいる「ギフテッ

ド」傾向のある子どもたち（以下，ギフテッドの子どもたち）へのオンラインサービスを活用した支援活動（sprinG）を取り上げる。筆者はコロナ禍当初からオンラインサービスを活用した子ども支援活動を行ってきたが（たとえば，伊藤ほか，2020），その中で，たとえば不登校の子どもたちにとってはそれまで学校に通えないことにより学習機会が失われていたのに対して，オンラインでの授業が行われることで再び学習機会を得ることができるようになったというケースを見てきた。もちろんギフテッドの子どもたちがみな不登校であるというわけではないが，後述するように彼らが直面している課題は決して少なくなく，かつ筆者たちのところへ訪れるギフテッドの子どもたちの多くが不登校状態にあったことは事実である。また，不登校であっても習い事などには通えている子どももいるが，ほとんどの時間を家で過ごしている子どももいた。

（1）ギフテッドとは何か

　事例紹介に先立ち，ギフテッドについて簡単に説明しておきたい。読者のみなさんはギフテッドと聞いてどのような子どもたちを思い浮かべるだろうか。ギフテッドとは「天から授かった才能」などと訳されることが多く，知的能力をはじめ芸術やスポーツなどで高い能力を有する人々を指すときに用いられる。ただ，筆者の私見を述べれば，その才能にあまりに注目が集まるあまり，実態と一般的なイメージが乖離しているように思われる。

　ところで，2017年にアメリカで公開された『gifted/ギフテッド』という映画がある。その中では，メアリーという7歳の子どもが学校の算数の時間に大人も驚く数学の才能を発揮する。しかしメアリーは育ての親である叔父の意向もあり，ギフテッドの子どもたち向けの学校やプログラムではなく通常の学校に通っているのだが，そこである上級生の子どもを許すことができず，思わず殴ってしまうという事件が起こる。

　この映画でのギフテッドの捉えられ方にはいくらか首をかしげたくなることもあるが，上述のようなシーンはよく目にするものである。他の子どもたちと比較して特定の能力に秀でている一方で，正義感が強かったり，他の子どもたちが取り組んでいる課題の答えをすぐに言ったりしてしまうことでトラブルに

発展するといった具合である。ただし注意を要することとして，現状日本においてはギフテッドの明確な定義は存在せず，また疾患名ではないため診断を受けるものではない。しかし，たとえば児童精神科などで知能検査を実施した結果，高い結果を得ながらもさまざまな困り感を抱えている子どもたちに対してギフテッドというラベルが適用されることがありうる。本章では，ギフテッドの子どもたちをそうしたIQ（知能指数）の高さを有していながらもさまざまな困難を抱えている子どもたちとして捉えている。

(2) 実際の様子

　では実際の支援の様子を見ていこう。sprinGは主に子どもと保護者を対象にした事業を実施している。そのため，ここでも子どもと保護者に分けてその内容を見ていこう。

①子ども向け

　子ども向けにはメタバース空間を開放し，自由に参加できる居場所を提供している（図1）。図1の右側は主に1人でいたいときにいる場所，下側は数名だけで話をするために人数制限があるスペースが，左側は多人数で話をできるスペースを，そして上側はさまざまなゲームをするスペースとなっている。基本的に子どもたちはこの空間に自分で参加し，自分がやりたいことに取り組んでいる。もし操作方法等がわからなければ保護者を通じてチャットサービスなどで問い合わせを行ったり，チュートリアルを受けたりすることもできる。

　このスペースの特徴は，子どもたちと一緒に大学生スタッフが参加することにある。といっても，スタッフは基本的に子どもたちに何かを教えるということはない。しかし，このメタバース空間を覗くとほとんどの時間，大学生たちは子どもたちの誰かと話している。いったい何を話しているのだろうか。その様子を見てみると，それぞれ子どもたちが興味のあることや最近気になったこと，取り組んでいることなどを話している。生物の話や機械の話，ゲームやニュースの話などその内容は多岐にわたっている。

　子どもたちの様子を見ていると，この「話したいニーズ」がとてつもなく高

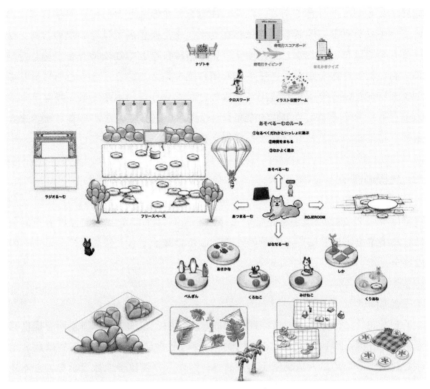

図1　メタバースの様子

いことがわかる。家や学校ではほとんど話さないと保護者から聞いている子ど
もたちも，大学生が相手になるといろいろなことを話すこともある。どうして
だろうか。その答えの例として，周りの子どもたちとの興味関心が異なってい
たり，そもそも学校に行けておらず限られた人たちとしかコミュニケーション
をとれなかったりしていることがあげられる。たとえば，ある子どもは石に興
味がある。みなさんは毎日，石の話を聞いたり話したりすることができるだろ
うか。たぶん難しいだろう。では，この子どもが石について話そうとすると周
りの子どもたちや大人はどのような態度をとるだろうか。話を聞き流そうとし
たり，「あとでね」と言ったりしてしまうのではないだろうか。そういう経験

を積み重ねていくと，話してもわかってもらえない，どうせ聞いてもらえないという思いが先行してしまう。しかし，このメタバース空間では少なくともスタッフはその話を聞くし，同じ興味関心をもった子どもたちが出会うこともできるのである。

　またsprinGでは学習支援も行っている。ギフテッドの子どもたちと聞くと勉強がとてつもなくできる子どもたちを想像されることが少なくない。しかし，そのようなことは決して多くない。もちろん得意な教科は小学生であっても高校生の内容まで理解していることはあるが，逆に苦手な教科には手もつけないということもある。ではこの教科ごとの凸凹に応答するにはどうしたらよいのだろうか。筆者たちはこの問題に応えるため，株式会社すららネットが提供している無学年式学習教材「すらら」を利用している。そもそも先の凸凹に応答するのが難しい理由は学校段階や学年の異なる内容を扱わなければならないからである。「すらら」は学校段階や学年に囚われず，教科ごとに学習内容を決められるため，子どもと保護者のニーズをスタッフたちが丁寧に聞き取り，調整をし，先の凸凹に応じたカリキュラムを作成しているのである。

② 保護者向け

　保護者向けには「親の会」の開催とチャットサービス「Slack」を用いたオンラインコミュニティを提供している。「親の会」とは病気や障害のある子どもをもつ保護者たちによって構成され，主に情報交換や交流をする会である。さまざまな困難を抱えている子どもをもつ保護者は子育てにあたりさまざまな障壁に直面する。また，必ずしも同じような悩みをもつ保護者が近くにいるとは限らず，子育ての相談をしにくいことも多々ある。そのため，同じような困難を抱えた子どもをもつ保護者同士にとって，親の会は情報交換や相談ができる有意義な場所となっている。

　筆者らが主催している親の会では，まず「はじめての親の会」にオンラインもしくは対面で参加していただいている。原則としてこの「はじめての親の会」に参加した人だけがオンラインコミュニティに参加することができる。これは，オンラインコミュニティに参加する人がどのような人かをあらかじめお互いに知ることで場の心理的安全性を高め，また先述のとおり共通の定義が得

られていないギフテッドという特性に対して一定の共通認識をもてるようにするためである。そのため「はじめての親の会」では筆者や児童精神科医よりギフテッドという言葉の説明や学校でどのような支援を受けているのかということを解説し，その後，共通のテーマについてグループディスカッションを行っている。この「はじめての親の会」を経て，希望者は継続的な親の会とオンラインコミュニティへ参加するという流れである。

　継続的な親の会では月1回程度，保護者同士の交流に加えて興味のあるトピックについての専門家からのレクチャーを提供している。しかし，子育ての悩みは定期的に生じるものではなく，急にあらわれるものである。そこで，いつでも相談ができるようにチャットを中心にしたオンラインコミュニティを用意している。このコミュニティでは，保護者同士が悩みを相談し合うことはもちろん，必要に応じて専門的な助言を受けられるように何名かの専門家も参加している。

(3) 小　括

　ここまで，筆者らが取り組んでいるギフテッドの子どもたちへの支援について見てきた。この支援活動そのものがコロナ禍をきっかけに始まったものであり，急速に進展したオンラインサービスを活用したものである。オンラインサービスは物理的な距離に関係なく参加することが可能である。筆者らの取り組みにもさまざまな地方からの参加者がいるが，都市部と比較して地方はギフテッドの子どもたちへの支援を受けられる機会が非常に少ないことをよく耳にする。仮に対面のみでの開催となれば開催地までの旅費交通費の負担が必要となり，参加のハードルが高いものとなってしまう。

　さらに子どもたちの中には，学校をはじめ外に出ることが苦手な子どもや対人関係に困難を抱えている子どももいる。そうした子どもたちには，いきなり対面で他の子どもたちと交流することが非常に高いハードルになってしまう。そのため，まずオンラインで参加し徐々に他の子どもたちとのかかわりをつくっていき，その後もし実際に交流したいという気持ちになったら，対面での活動へとつなげていく。こうした，学校に行く／行かない，外に行く／行か

いという選択肢以外にオンラインでの参加という選択肢を本活動では提供しているのである。

4．コロナ禍の先に何を見るのか

　さて，本章ではコロナ禍と子どもをテーマに，コロナ禍に対して政府や学校現場がいかなる対応をしてきたのか（第1節），子どもたちにはどのような影響が出ているのか（第2節）を確認し，そうした中でどのような支援を行うことが可能であるのか（第3節）検討を行ってきた。本節ではここまでの結果を踏まえ，私たちにどのようなことが求められているのかということを考えていこう。

　まず，第2節の結果を踏まえれば，今もなお続くコロナ禍において，子どもたちへの支援を行っていく必要性があることは間違いない。しかし，コロナ禍においてはどうしても人と人との接触は避けるべきものとして考えられてしまい，子どもたちの異変に以前のように気がつくことは容易ではない。そこで第1節で見てきたように，急速に進んだGIGAスクール構想により子どもたちもICT端末を保有することが可能になった。こうした端末を活用しながら，対面以外でも子どもたちが他の人とつながる機会をつくり続けることなどが考えられる。

　また，第3節で述べたようにコロナ禍は人々に多くの制約を課す一方で，新たな取り組みをもたらしている。こうしたことを踏まえれば，コロナ禍が収束したとき，私たちはコロナ前に戻すことを志向するのではなく，コロナ禍を契機にして生まれた変容をもとに，教育をより包摂的（インクルーシブ）に変えていくことができるのではないだろうか。もちろん筆者もすべての授業をオンラインにすればよいとは思わないし，人と人が対面で会うことの楽しさも存在すると考えている。しかし，第3節での取り組みを通して，「引きこもりがちであった子どもがしゃべる機会になった」「初めて同じ悩みをもつ人と出会えた」といった保護者や子どもの言葉は，オンラインでの出会いということが当然の選択肢となった現在だからこそ得られたものでもある。こうした変化は，仮に

コロナ禍が終わったとしても引き継いでいくべきものではないだろうか。

　コロナ禍は私たちにとっての「当たり前」を崩壊させ，否応なしに「新しい生活様式」への適応を迫った。それは同時に私たちにとっての「当たり前」を捉え直すきっかけとなり，そこから生まれた新たな実践も存在する。もちろんこれによりさまざまなことが失われ，また子どもや保護者に多くの影響が出ていることは看過できないし，対応は急務である。しかし私たちは，すべてを元に戻すという対応ではなく，むしろ先の影響を乗り越えられる，インクルーシブな教育・保育，そして社会をつくっていくことを目指さなければならない。そのための研究・実践の蓄積が今，求められているのである。

◆学習課題
　教育をオンラインで代替することはできるだろうか。何ができて，何ができないか，あなたなりに考えてみよう。

注記

1　本節の内容は，中丸和（2022）「日本　コロナ禍で明らかとなった教育制度の特質」．園山大祐・辻野けんま編著『コロナ禍に世界の学校はどう向き合ったのか──子ども・保護者・学校・教育行政に迫る』．東洋館出版社，287-303を参考にまとめたものである。

2　実際に感染症対策の意味はなかったという研究（Fukumoto, K., McClean, C. T., & Nakagawa, K. (2021) No causal effect of school closure in Japan on the spread of COVID-19 in spring 2020. *Nature Medicine*, 27, 2111-2119）もある。

引用・参考文献

伊藤駿（2022）「スコットランドの教育におけるコロナ禍への対応──2020-21年の2年間の対応に注目して」．『子ども学論集』第8集，33-46.

伊藤駿・池谷賢人・中丸和・桑田湧也（2020）「コロナ禍における子ども支援活動の試み──接触／非接触のハイブリッドシステムの構築に向けて」．『子ども・子育て支援研究センター年報』第10巻，25-32.

NHK（2021）「文部科学相　一斉休校要請せず　大学入学共通テスト予定どおり」（1月5日）．https://www3.nhk.or.jp/news/html/20210105/k10012797411000.html（最終閲覧2022年

12月29日）.

川崎雅和（2021）『コロナと闘う学校』. 学事出版.

警察庁（2022）「令和3年の犯罪情勢」. https://www.npa.go.jp/publications/statistics/crime/r3_report_c.pdf（最終閲覧2023年2月2日）.

国立研究開発法人国立成育医療研究センター（2021）「コロナ×こどもアンケート　第6回調査 報告書」. https://www.ncchd.go.jp/center/activity/covid19_kodomo/report/CxC6_repo_final.pdf（最終閲覧2022年12月29日）.

国立研究開発法人国立成育医療研究センター（2022）『コロナ禍における思春期のこどもとその保護者のこころの実態 報告書』. https://www.ncchd.go.jp/center/activity/covid19_kodomo/report/CxCN_repo.pdf（最終閲覧2022年12月29日）.

園山大祐・辻野けんま編著（2022）『コロナ禍に世界の学校はどう向き合ったのか──子ども・保護者・学校・教育行政に迫る』. 東洋館出版社.

中原淳監修，田中智輝・村松灯・高崎美佐編著『学校が「とまった」日──ウィズ・コロナの学びを支える人々の挑戦』. 東洋館出版社.

中丸和（印刷中）「コロナ禍の日本における教育格差への対応──教育行政にみるマイノリティ支援の語られ方」. 澤村信英・小川未空・坂上勝基編著『SDGs時代にみる教育の普遍化と格差──各国の事例と国際比較から読み解く』. 明石書店.

日本経済新聞（2022）「コロナで長期休校，学力低下見られず　文科省」（3月28日）.

毎日新聞（2021）「教育格差は広がった？　一斉休校で見えた『生まれ』の違いとは」（3月6日）.

文部科学省（2020）「GIGAスクール構想の実現に向けた調達等に関する状況（8月末時点）について（確定値）」. https://www.mext.go.jp/content/20201030-mxt_jogai01-000009827_001.pdf（最終閲覧2023年2月2日）.

読売新聞（2022）「児童虐待最多の10万8050人，コロナで潜在化の恐れ…『家にいるしかなく親の暴力ひどくなった』」（2月3日）.

付記

本章はJSPS科研費（課題番号22K02375）の研究成果の一部である。

第15章
異文化の中の子どもと平和

小倉亜紗美

1. 平和とは

　みなさんは，「平和」という言葉を聞いてどんなイメージを抱くだろうか。戦争や争いのない社会と答える人が多いかもしれない。もちろん，それは平和の重要な要素の1つである。しかし，それは平和の一側面にすぎない。平和学の父と呼ばれるガルトゥング（Galtung, J. V., 1930-）は，暴力を「直接的暴力」と「構造的暴力」に分けた。前者は，戦争や殴り合いなど行為主体が明確な，人が直接手を下す暴力を指し，後者は飢餓，貧困のように，直接に暴力をふるう主体がなくとも，社会の構造により人間の可能性が損なわれることを指す。そして，構造的暴力を積極的に排除することを「積極的平和（positive peace）」，これに対し単に戦争のない状態を維持するだけの状態を「消極的平和（negative peace）」と定義した（Galtung, 1969）。つまり，この基準で考えると，冒頭の"戦争や争いのない社会"は「消極的平和」のみが実現した社会を意味する。しかし，真の平和を目指すのであれば，「消極的平和」にとどまらず，構造的暴力のない「積極的平和」を目指すべきである。

　本章のテーマは「子どもと平和」であるが，この平和は「積極的平和」を指していると考えて「子どもと積極的平和」について考えていきたい。子どもを取り巻く構造的暴力とは何であろうか。その1つに，食事が食べられないことや，必要な医療や保育・教育が受けられないことが考えられる。そう聞くと，どこか遠い発展途上国をイメージする人もいるかもしれないが，日本でもそれは発生している。本章では筆者が日本で直面した外国にルーツをもつ子ども（両親またはそのどちらか一方が外国出身者である子どもや若者のこと）の増加に伴う構造的暴力と，それを解決するための各種の試みについて紹介していきたい。

2. 国際化の保育園等への影響

(1) 保育園等が直面する現実

「これはまずい，通訳しなきゃ」

　これは筆者の長男の保育園の入園式の日に，日本語がほとんど話せない外国人の保護者と日本語以外でのコミュニケーションを想定していない保育園の先生とのやり取りを目の当たりにして筆者がとっさに思ったことである。

　筆者は環境平和学を専門としており，子どもの発達や成長についての研究をしてきたわけではないが，かつて（2010〜2014年）広島大学で留学プログラムの運営や留学生支援の仕事をしていた。当時，広島大学の留学生は1200名程度で，人数が増加してきたことに伴うさまざまなトラブルや彼らの留学生活のサポートなどに追われる毎日を送っていた。留学生の中には留学中に出産をする人や，子連れで留学をする人もいたが，彼らがどのように子育てをしているのか，困っていないかと気になりつつも，目の前の仕事に精一杯なうえ，大学は留学生の支援をするのは仕事であるが，留学生の家族は支援の対象外であるというルールから，仕事の範疇で支援することはできなかった。もちろん，留学生の家族のサポートをしたいという学生さんや教員がいればそれを留学生に案内することはできたので，当時できたサポートは留学生の家族向けの講座などの情報提供程度であった。

　そのときからずっと気になっていた留学生の子育て環境の問題は，数年後，筆者が2017（平成29）年に出産をし，2018（平成30）年4月に子どもが保育園に入園してから再度筆者の前に現れた。初めての子育て中の筆者は，入園式の日に保育園の先生からの保育園のルールや方針についての説明を他の保護者とともに必死に聞いていたが，そこに明らかに言葉がわからなくて困惑しているベトナム人の家族がいた。その家族の父親は広島大学の留学生であったので，筆者とその父親には面識があり，彼は筆者が通訳してくれそうだと察知し，筆者もそれに応じて対応していたが，そのとき筆者の頭には他の保育園等（幼稚園，認定こども園などを含む。以下，保育園）でも同じことが起きているのではないか

という疑問が浮かんでいた。

　しかし，それに対して何もできないまま約3か月が経過した，2018（平成30）年7月に平成30年7月豪雨（西日本豪雨）が発生した。発災後，保育園関係者も被災しつつも，何とか保育園を運営してくれていたが，緊急時の案内がすべて日本語でのみ発信されている現状を目にした。筆者は，前述のベトナム人の父親と個人的にSNSで連絡できるようにしてあったので，保育園からの連絡を常に英語に翻訳して要点を伝えていた。しかし，保育園には他にも多くの外国にルーツをもつ子どもが在籍していたので，保育園の先生方が彼らやその保護者とコミュニケーションをとる場に居合わせた場合には通訳をするなどのサポートを続けていた。

　それらのサポートを続けるうちに，先述の「他の保育園でも同じことが起きているのではないか」という疑問に加え，居合わせたときだけの通訳ではコミュニケーション不足による事故やトラブルを防げないのではないか，また，もしコミュニケーション不足に起因する食物アレルギーについての事故が起こってしまった場合，こんなに一生懸命子どもを見てくれている保育士さんに責任が及ぶのではないかという危機感すら感じるようになった。なぜなら，言葉でのコミュニケーションが難しい3歳未満の子どもは，保護者と保育士が送迎時に直接，または連絡帳などを使って，食物アレルギーがないことを確認済みの食品の報告やその日の体調などについて綿密なコミュニケーションをとることで，子どもの健康状態などを共有し，子どもを育てているからである。

　そこで，2019（令和元）年に現在の職場である呉工業高等専門学校に異動したのを機に，学生が自分の興味のある活動に取り組むことができるインキュベーションワーク（IW）という授業の中で，食べ物に関する活動に取り組んでみたいけれど具体的にやりたいことが決まっていないという学生2名とともに，子どもが通っている保育園の食物アレルギーについての資料を翻訳するという活動を始めた。2名の学生のうち1名はマレーシアからの留学生であったので，日本とマレーシア，またその他の国の離乳食について調べてみたり，イスラム教徒が食べることが許されている食物であるハラール食材を購入できるお店について調べたり，JICA（国際協力機構）中国のあるひろしま国際プラザのレストランや広島大学の生協食堂などを訪問し，どのような表示がされているか調

**図1　JICA中国のあるひろしま国際プラザの
レストラン「ラコルト」のメニュー表示**

べたりもした（図1）。また，日本で保育園に子どもを預ける際には自宅で食べたことのある食材（アレルギーがないことを確認済み）しか提供できないルールになっていることなど，日本と他の国との違いについても学んでもらったうえで，資料の翻訳を行った。そして翌年に，翻訳を行った資料を保育園に寄贈した。

　この活動を行う中で，保育園の先生が困っている内容について，少しずつ情報が集まってきたが，それでも「他の保育園でも同じことが起きているのではないか」という疑問は晴れないままであった。そこで，2021（令和3）年度に広島大学が位置する東広島市とその隣の市で外国人技能実習生が多く在住している呉市の保育園等と外国人の保護者に対し，アンケート調査を実施した。その結果，現在または過去に外国にルーツをもつ子どもを受け入れたことがある保育園は，アンケートに回答してくれた東広島市の保育園の81％（26園。2022年10月現在の市内の全保育施設数は59園なので，市内の44％以上の保育園で受け入れたことがあることを意味する），呉市の保育園の90％（27園。2022年10月現在の市内の全保育施設数は80園なので市内の33％以上の保育園で受け入れたことがあることを意味する）にのぼっており，保護者に子どもの様子が伝えられない，保育園のルールがわかってもらえない，手続きの説明や緊急時の連絡ができないなど，保護者に必要なことが伝えられなくて半数以上の園が困っていることが明らかになった。また病気の様子，連絡帳の内容がわからない，病気などの急な休みの連絡がない，文化や宗教の違いがわからないなど，保護者に聞きたいことが聞けないことにも困っていた。そのため，6割以上の保育園が外国にルーツをもつ子どもの受け入れを不安に思っており，保育に使う用語がイラストととも

に描かれたカードや翻訳機，通訳，文化や宗教などについての資料を要望する保育園が多かった。

　一方，外国人の保護者のうち，日本語が流暢な人以外は保育園の先生に子どもの様子が伝えられない，保育園のルールがわからない，書類の内容がわからない，病気などの連絡ができないなどの困り事を抱えていた。また，日本語能力に関係なく，離乳食が母国と異なることに困っていた。また，保護者の日本語能力にかかわらず，保育士とのコミュニケーションは主に日本語で行われ，ジェスチャーや翻訳アプリなどによってそれらを補っていることが明らかとなった。そして，両市の市役所に確認をしたところ，各保育園に両親またはそのどちらか一方が外国出身者である子ども，つまり「外国にルーツをもつ子ども」が何名程度どの保育園に在籍しているのか把握していなかった。保育園の先生の話では，保護者が主に使っている言語や宗教などの情報も入園前の面談まで知る機会のないまま，外国にルーツをもつ子どもを受け入れざるをえない状況になっていた（小倉ほか, 2021）。

　この調査の結果から，筆者が抱いていた「他の保育園でも同じことが起きているのではないか」という疑問の答えが，"Yes"であったことが明らかになった。筆者の疑問はここで，「他の保育園でも同じことが起きているのではないか」から「どうやったらこの状況を改善できるのか」に変わった。ここでまた広島大学で留学プログラムの運営や留学生支援の仕事をしていたときの経験がヒントになった。毎年ベトナムに学生を引率していた際，必ず持ち歩いていた本がある。それは，イラストと日本語と英語とベトナム語が書いてあり，自分が伝えたい日本語を指差すだけで，ベトナム語がわからなくてもコミュニケーションがとれる本であった。この本と同様に，保育にかかわる場面を想定した複数の言語とイラストが描かれたシートのようなものがあれば，この状況を改善できるのではないかと考えたのである。そこで翌年，卒業研究の学生とともにその作製にとりかかった。

（2）コミュニケーション補助ツールの作成と配布

　シートは，保育園で使用しやすそうなA5サイズに設定し，先述のアンケー

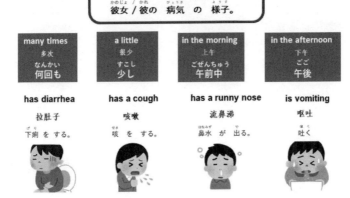

**図2　「保育園における外国籍乳・幼児の保護者との
コミュニケーション補助ツール」の内容の一例**

ト結果をもとに，保育園での送迎時の使用を想定した「保育園における外国籍
乳・幼児の保護者とのコミュニケーション補助ツール」（以下，補助ツール）と
園児受け入れの際の配慮事項確認時の使用を想定した「食事をする上での注
意点などの説明シート（宗教，信条の違いによる）」（以下，宗教などの説明シート）
の2種類を作成した。補助ツールに記載する言葉は，「やさしい日本語」（出入
国管理庁・文化庁, 2020）と，英語，中国語とした。「やさしい日本語」は，たと
えば「豪雨のため避難して下さい」という言葉を「たくさん　雨が　降り　ます」
「逃（に）げて　下（くだ）さい」のように，難しい日本語を簡単な日本語に言
い換え，単語ごとに空白を設け，ルビをつけるなどして，外国人等にもわかる
ように配慮して簡単にしたものである。松田らの報告によると，日本語能力
が初級後半〜中級前半の外国人のニュース文の理解度は，普通の日本語の場
合30％程度であるのに対して，「やさしい日本語」を用いると90％以上に高ま
るそうである（松田・前田・佐藤, 2000）。そして，送迎時に子どもの様子を伝え
るとき，熱があるとき，アレルギーなど食品のことを伝えたいとき，体調が悪
いとき，日常生活の持ち物の情報，怪我の情報などを伝えるページを作成した
（図2）。

許された食べ物（can eat）○
「ハラール（ﺣﻼل:Halāl）フード」

↕ 🥛 牛乳・ヨーグルト・バターはOK 😊

ハラルマーク

Islam
いすらむきょう
イスラム教

イスラム教徒は、
ムスリム（Muslim）と呼ぶ

禁止されている食べ物（can not to eat）×
「ハラム（ﺣﺮام:Ḥarām）フード」

植物性の油を使う。
豚肉を見るだけで嫌悪感を抱く人や、
豚肉と同じ器具を使って調理された食
べものを忌避する人もいる。

豚肉（Pork）🚫
加工食品や、豚のエキス・油に注意。
ブイヨンやゼラチン、ラード（豚の脂）は使用しない。

酒類（alcohol）🚫
イスラム法では、アルコールの摂取は禁忌。

調味料の酒、みりん、お菓子やデザー
トに入っているリキュールにも注意。
アルコールをイメージさせるものや空
間も避ける傾向がある。

イスラム法上適切に処理されていない肉
牛肉や鶏肉、羊肉など、豚肉以外の肉であっても、
イスラム法の規定に則した屠殺方法・調理器具・調理場で処理さ
れていない肉はタブーとして避けられる。適切な処理を施したか
どうかわかる「ハラルマーク」の付いた食材も売られている。

人により厳格さが
異なるため、
個別に確認する！

※教義で禁じられているわけではないが嫌悪感を示す食材
うなぎ、イカ、タコ、貝類、漬物などの発酵食品 🐍 🦑 🐙 🫙

**図3　「食事をする上での注意点などの説明シート
（宗教，信条の違いによる）」の内容の一例**

　説明シートは，日本人の保育園の先生が見ることを想定して主に日本語とイ
ラストで作成した。前述のアンケートや保育士から，宗教や文化のことがわか
らなくて困っているという声をたくさん聴いていたので，キリスト教，イスラ
ム教，ヒンドゥー教などの食事に関する制限や，その他，断食や礼拝などに関
する戒律ほか，ベジタリアンやヴィーガンなどの食事制限についても解説をし
た（図3）。

　これらを，前述のアンケートを送付した保育園に送付すると同時に，筆者の
個人ホームページ（https://asaminno.wixsite.com/asamiogura/laboratory）上で，無
料でダウンロードできる状態にして公開した。ツールを実際に使用した保育園
からは，「ツールにある内容は確実にコミュニケーションがとれるようになっ
た」や「外国籍の子どもを預かることも増え一時保育も行っているのでこのよ
うなツールがあると手軽に活用できていい」などの声が寄せられた一方で，ポ
ルトガル語などの言語を増やしてほしい，他の場面を想定したシートも増やし
てほしいという声も寄せられた。

(3) 誰が取り組むべきか

　この数年の筆者の取り組みとその経緯を紹介したが，はじめに述べたように，筆者は子どもの発達や成長についての研究をしてきたわけではない。しかし，この問題に直面し，何とか改善をしなければという危機感から取り組みを始めた。では，この外国人住民の増加に伴い生じた保育園でのコミュニケーションの問題は，誰に責任があり，誰が解決すべき問題であろうか。ツールを配布した保育園からは，多くの感謝の声とともに，さらなるツールの充実や，通訳・翻訳機の設置の要望が上がってきた。これらが表すことは，この問題は急速な国際化に伴い生じたもので，これまでの枠組みからは漏れてしまっており，今まで現場の保育士さんが懸命にそれに対応し，その責任も負ってきたということにほかならない。責任の所在を問う前に，この問題をより多くの人が認識し，社会全体の問題として解決策を探っていく必要があるのではないだろうか。

3. 外国にルーツをもつ子ども

(1) 外国にルーツをもつ子どもの増加の現状と影響

　日本に在住する外国人は，近年毎年15万人程度増加し，2019（令和元）年12月には日本の総人口の2.3％にあたる293.3万人に達したが，2020（令和2）年，2021（令和3）年と減少している（図4）。2020（令和2）年以降減少したのは，2019（令和元）年12月に中国で発生が確認された新型コロナウイルスの感染拡大の影響を受けて，入国制限が行われたことが影響していると考えられるが，近年の在留外国人増加の一因として，外国人留学生と外国人技能実習生の増加があげられる。これには2008（平成20）年に策定された「留学生30万人計画」による外国人留学生の増加と2009（平成21）年に公布された「出入国管理及び難民認定法及び日本国との平和条約に基づき日本の国籍を離脱した者等の出入国管理に関する特例法の一部を改正する等の法律」（2010年施行）により，それ

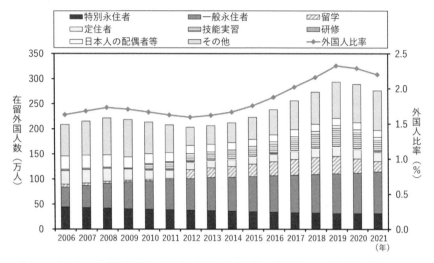

注：2010年より日本語教育機関に在籍する学生の在留資格が「就学」から「留学」に変更され，それまで独自の在留資格がなく「特定活動」の在留資格で在留していた技能実習生が「技能実習」という資格で在留できるようになったため，「技能実習」の分類は2010年以降

図4　2006〜2018年度における日本の在留外国人数（在留資格別）の推移

出所：在留外国人統計（旧登録外国人統計）と人口推計から筆者が作成した小倉ほか（2020）の図に加筆

まで独自の在留資格がなく「特定活動」の在留資格で在留していた技能実習生が「技能実習」という資格で在留できるようになったことが大きく影響していると考えられる。さらに，2018（平成30）年に公布された「出入国管理及び難民認定法及び法務省設置法の一部を改正する法律」（平成30年法律第102号）による在留資格「特定技能1号」「特定技能2号」の創設に伴い，外国人技能実習生は今後もさらに増加していくことが予想される。この「特定技能2号」は家族を呼び寄せることが認められている。これらに伴い，今後ますます「外国にルーツをもつ子ども」が増加すると予想される。

　第2節では，保育園が直面する課題を取り上げたが，同様の問題は小学校，中学校，高校でも，保護者と保育士のコミュニケーションというかたちから，子どもと先生や友だちとのコミュニケーションというかたちに問題の主体を変えて生じている。具体的には，日本語がわからなければ，日本語のみで行われる日本の学校の授業を理解するのが難しく，それにより発達障害と間違えられ

たり，コミュニケーション不足から発達の遅れが見落とされたりする事例もある。また，たとえ本人が日本語を勉強し，日本語で授業を受けたとしても，日本語で出された宿題を日本語が不得手な親にチェックをしてもらうことができないなど，多くの問題が生じている。これに対し，呉市国際交流協会では，日本人の高校生などが，小学生や中学生の夏休みの宿題をサポートするボランティアを2021（令和3）年から開始している。また，言語によるコミュニケーションの問題だけでなく，宗教上の理由で配慮が必要な子どももいる。たとえば，イスラム教徒（ムスリム）は，ラマダン（毎年約30日間，日の出から日没まで断食をする）やサラート（1日5回決められた時間に礼拝をする）を行うこと，ハラール食材（イスラム教徒が食べることが許された食材。豚肉，アルコール，イスラム教が許容する方法で屠畜されていない動物性食材は食べることができない）を食べることが戒律で決められている。先述のアンケートでイスラム教徒の保護者から給食等でのハラールメニュー提供の要望もあったが，食材のみでなく調理器具を分ける必要もあるため，すぐに導入することは難しいかもしれないが，今後対応について社会として考えていく必要があるだろう。

(2)「問題」から「学びの種」へ

　近年，教員の仕事の複雑化が指摘されているが，その1つに乳幼児，児童，生徒のバックグラウンドの多様化が影響していることは確かであろう。しかし，外国にルーツをもつ子どもの増加はこれまでに指摘したような問題を生じさせているだけでなく，異文化理解のチャンスを格段に向上させている。学校に外国にルーツをもつ子どもが増えるということは，多様なバックグラウンドをもったクラスメイトとともに学校生活を送るということでもある。これは，日本人の子どもにとっても，子どもの頃から国や宗教，言語の違いを普段の生活の中で学ぶことができるということを意味する。今現在，教育現場に立っている先生方は，子どもたちのバックグラウンドの多様化に伴い生じている問題に最も早く直面し，それに試行錯誤で対応している。そして，それらの対応によって，国際化を，困難な問題を生じさせている原因とみなすのか，多様な文化や宗教的背景をもつクラスメイトと学ぶことができて，視野を広げること

ができると感じさせることができるかが変わってきてしまうのである。できれば後者の視点で見られるように，先生だけに責任を負わせることなくこの問題を，「問題」から「学びの種」に変える方法をみなで協力して探っていく必要がある。

　その1つの方法として，地域のボランティアが運営する「日本語教室」の存在がある。外国人が日本で日本語を学習するには大きく分けて2つの方法があり，その1つがこれである。「日本語教室」には，「技能実習」の在留資格をもち技能実習生として働くために日本に住んでいる技能実習生などが，本来の在留目的である実習以外の時間に通っている。もう1つは，日本語を学ぶことを目的に留学し「日本語学校」に通う方法である。ここに通う学生は，在留資格が「留学」となっている。広島県呉市の日本語教室「ワールド・キッズ・ネットワーク」は2001（平成13）年から，「ひまわり21」は2002（平成14）年から運営されている。ここには，小学校から高校に通う外国にルーツをもつ子ども，そして大人が通っている。両団体代表の伊藤氏によると，日本に来て半年ほどこの教室に通って，ある程度日本語がわかるようになってから小学校に行く子どももおり，小学校や中学校に通う前にここで学ぶことで，その後の学校での生活にスムーズに移行できるようになっている。設立初期に通っていた子どもの中には大学院に進学し，最先端の研究をしている人も出てきている。これは外国にルーツをもつ子どもの支援の1つの方法であると同時に，日本に在住する市民が異文化について学ぶ機会でもある。「ひまわり21」では，日本語の教室だけでなく，外国人住民が講師となり世界の料理を学ぶ教室も開かれ，外国人住民から日本人の住民が学ぶ機会を提供している。これは，まさしく外国人住民の増加に伴う「問題」を「学びの種」に変える方法の1つではないだろうか。

　また，西日本豪雨の際には，外国人住民の中に山の湧水をホースで引いてきて山の下で簡単に汲めるようにした人がいたりして，日本人もそれを使うことで助けられていたり，外国人住民がFacebookで給水車による給水の様子やペットボトルの簡易ろ過装置の動画などの有用な情報の共有を行っていたそうである。さらに，発災時，市からの避難情報を日本語教室の支援者たちが「やさしい日本語」にし，外国人住民にSNSなどで発信すると，それを母国語に

翻訳して発信してくれる人もいたそうで，日本人が外国人住民から学ぶことも多く，外国人住民同士での助け合いも行われている（小倉ほか，2020）。社会はめまぐるしく変化しており，これまでのルールや枠組みでは捉えきれない，また対応できない問題がこれからも生じてくると予想される。それを「問題」のままにせずに，「学びの種」に変えていく転換力がこれからの社会では重要なのではないだろうか。

4.　子どもと平和

(1)　国際化と平和のつながり

　本章では国際化に伴い生じている問題について紹介してきたが，これを平和学の視点から考えてみたい。第1節で子どもにとっての「積極的平和」は食事が食べられないことや，必要な医療や保育・教育が受けられない「構造的暴力」をなくすことではないかと書いた。第2節，第3節で紹介してきた，外国にルーツをもつ子どもが，保育園，小学校，中学校等で言葉がわからないために，コミュニケーションがうまくとれず，学校での勉強の機会が失われたり，食物アレルギーなどの事故のリスクが他の子どもに比べて高くなってしまうということは，構造的暴力にあたるのではないだろうか。つまり，この状況を改善するということは，「積極的平和」を進めることにほかならない。

　2015（平成27）年9月に開催された「国連持続可能な開発サミット」で採択された「我々の世界を変革する：持続可能な開発のための2030アジェンダ」に記載された，2030年までに持続可能でよりよい世界を目指す17の目標（Goal）と169のターゲット（到達目標）からなる国際目標であるSDGs（Sustainable Development Goals：持続可能な開発目標）の基本理念には「誰一人取り残さない（leave no one behind）」が明記されている（以後，SDGsの目標・ターゲットの表記はすべて外務省訳に従う）。この点から考えても，外国にルーツをもつ子どもが教育の機会を失ったり，健康上のリスクが高くなってしまうことは，それぞれSDGsの目標4「すべての人々に包摂的かつ公平で質の高い教育を提供し，

生涯学習の機会を促進する」，目標3「あらゆる年齢のすべての人々の健康的な生活を確保し，福祉を推進する」が達成できないことを意味する。SDGsは2020（令和2）年1月には取り組みのスピードを速め，規模を拡大するための「行動の10年（Decade of Action）」がスタートしており，これらの問題の解決に向けて行動を促進していくことが求められている。

（2）多様な主体の協力

　SDGsは国際目標であり，海外の開発途上国の貧困を主に対象にしていると考えてしまいがちであるが，本章で紹介してきたように，日本国内においても子どもを取り巻く環境を少し注意深く見てみると，私たちが取り組むべき課題がたくさんあることがわかる。しかし，現代社会が抱える問題は複雑で，これらの問題を1つの分野のみで解決するのは難しい。SDGsの目標17には「持続可能な開発に向けて実施手段を強化し，グローバル・パートナーシップを活性化する」が掲げられているが，これらの解決のためには，分野の枠を超えて，さまざまな分野・立場の人が協力し合うことが必要である。

　筆者は，子どもの発達や成長についての専門家ではないが，異文化理解の実務と自らの子育てを通じて見えてきた社会の課題に取り組んでいる。本章で紹介した食物アレルギーなどの資料の翻訳やコミュニケーション補助ツールの作成に取り組んだ学生たちは，現代社会が抱える課題に向き合い，その解決のために尽力してくれたが，筆者はこの経験は彼女たちがこの問題について学び，それを自らの能力を使って解決することを通じて，社会での"自らの活かし方"を学ぶ経験になったと考えている。つまり，社会の課題の解決に向けてさまざまな立場の人が協力し合うことは，それに協力した人にとっても大きな学びになるのである。この輪をもっと広げていくことが，「誰一人取り残さない」平和な社会の実現への1つの道となるのではないだろうか。

◆学習課題

　「外国にルーツをもつ子ども」の増加に伴い生じた「問題」を「学びの種」にするためにはどのような取り組みをすればよいか，自分なりに考えてみよう。

引用・参考文献

小倉亜紗美・岩本みさ・神田佑亮・河村進一（2020）「外国人住民に対する防災情報提供方策の現状と課題」『実践政策学』第6巻第2号，209-220.

小倉亜紗美・神田佑亮・柿元麻理恵・八島美菜子（2021）「保育園における外国籍児童受け入れ態勢についての研究」令和2年度呉市オープンカレッジネットワーク会議地域活性化研究実績報告書.

出入国管理庁・文化庁（2020）『在留支援のためのやさしい日本語ガイドライン』.

松田陽子・前田理佳子・佐藤和之（2000）「災害時の外国人に対する情報提供のための日本語表現とその有効性に関する試論」『日本語科学』Vol.7，145-159.

Galtung, J. (1969) Violence, Peace, and Peace Research. *Journal of Peace Research*, 6(3), 167-191.

あとがき

　1950年にはおよそ3000万人の子どもが日本にはいたが，最新の統計（2022年4月1日現在）では1465万人にまで減少している。本書のはじめに「子どもが見えなくなった」という声が紹介されているが，これだけ子どもの数が減っているのだから当然といえば当然なのかもしれない。その一方で，子どもたちが置かれている状況は本書でも見てきたとおり多くの課題を抱えており，またその解決の最前線を担うであろう保育士や教員，またそのほかの専門職全体として人手不足が叫ばれている。

　本書を手に取ってくださった読者のみなさんは，こうした状況下においても多かれ少なかれ子どもたちに関心を寄せてくださっているのだと思う。また高校生・大学生・大学院生の人たちの中には子どもたちにかかわる職業に就こうという志をもっている人もいるだろう。本書で取り上げた総合人間学としての「子ども学」がみなさんのそうした興味関心や志をエンパワメントするものとなれば執筆者一同嬉しく思う。

　本書は「子どもが見えなくなった」現代において，あらためて「どのように子どもを見ることができるのか」ということを網羅的に検討した書籍である。本書で提示されるさまざまな視座は，きっとみなさんが子どもたちと向き合う中での指針となると考えている。また，今後発生する新たな困難に対しても先の視座を援用することでどのように捉え，どのように乗り越えていくことができるのかということを考えることができるだろう。

　気候変動，感染症，戦争など，これからの社会を生きていく子どもたちを取り巻く環境は決してよい状況とはいえない。しかし，人々，そして社会はそうした状況に手をこまねいているわけではない。本書の前著といえる『進化する子ども学』を全面的に改稿し，本書を執筆することになったのも，前著で述べられている諸制度や状況が大きく変化しており，書籍のアップデートが必要と

なったためである。「子ども学」の趣旨をご理解いただき，前著に引き続き出版にご尽力いただいた福村出版のみなさんに御礼申し上げる。

編者を代表して　伊藤　駿

索　引

監修者紹介

坂越正樹（さかこし　まさき）

広島文化学園大学・短期大学学長

広島大学大学院教育学研究科博士課程後期単位取得退学。広島大学大学院教育学研究科教授を経て現職。博士（教育学）。専門は，教育哲学，教育思想。

著書・論文等：『教育的関係の解釈学』（監修，東信堂，2019年），『教育原理』（共編著，光生館，2020年），「世界の教育哲学との対話 (1)──ドイツ」（『教育哲学研究』123，2021年）など。

編者紹介

八島美菜子（やしま　みなこ）

広島文化学園大学学芸学部教授

広島大学大学院教育学研究科博士課程後期単位取得退学。修士（教育学）。専門は，臨床発達心理学。

著書・論文等：『攻撃性の行動科学　発達・教育編』（共著，ナカニシヤ出版，2002年），『やさしく学ぶ発達心理学──出逢いと別れの心理学』（共著，ナカニシヤ出版，2011年），「育児不安と子育て支援ニーズに関する研究──母親の育児不安と高校生の育児不安イメージの比較から」（共著，『子ども・子育て支援研究センター年報』10，2020年）など。

小笠原文（おがさわら　ふみ）

福井大学教育学部准教授

パリ国立高等美術学校マルチメディア科第2課程（修士課程）修了，広島大学大学院教育学研究科博士課程後期修了。広島文化学園大学，広島修道大学（非常勤）などを経て現職。博士（教育学）。専門は，美術教育学，フランスの芸術教育。

著書・論文等：「フランスにおける芸術教育の展開に関する考察──その教育政策と文化政策の関係の変遷に着目して」（『広島大学大学院教育学研究科紀要』第三部，67，2018年），「イタリアピストイア市の幼児教育・保育──役務憲章に見る乳幼児期のインクルーシブ教育・表現活動の理念」『子ども・子育て支援研究センター年報』9，2019年）など。

伊藤　駿（いとう　しゅん）

広島文化学園大学講師，NPO法人日本教育再興連盟理事

大阪大学大学院人間科学研究科博士後期課程修了。日本学術振興会特別研究員，英国ダンディー大学研究員を経て現職。博士（人間科学）。専門は，インクルーシブ教育，比較教育社会学，教育における排除と包摂。

著書・論文等：「スコットランドにおける差異化の実践──多様な教育的ニーズへの応答の試み」（『SNEジャーナル』25(1)，2019年），サリー・トムリンソン『特殊教育・インクルーシブ教育の社会学』（共監訳，明石書店，2022年），「スコットランドにおける障害のある子どもの教育──その特徴とコロナ禍による変容に注目して」（『比較教育学研究』65，2022年）など。

著者紹介（50音順）

植田敦三（うえだ　あつみ）
広島文化学園大学学芸学部教授
広島大学大学院教育学研究科教科教育学専攻博士課程後期単位取得退学。広島大学大学院教育学研究科教授退職後，現職。博士（教育学）。専門は，算数科教育学。
著書・論文等：『算数科教育学』（編著，協同出版，2002年），Mathematics Education Lesson Study in Japan from Historical, Community, Institutional and Development Assistance Perspectives (co-authored, In M. Quaresma et al. (Eds.), *Mathematics Lesson Study Around the World*, Springer, 2018)，「『作問中心の算術教育』の形成過程における『生活』と『数理』の関係」（共著，『広島文化学園大学学芸学部紀要』10，2020年）など。

宇田智佳（うだ　ともか）
大阪大学大学院人間科学研究科博士後期課程
大阪大学大学院人間科学研究科博士前期課程修了。修士（人間科学）。
著書・論文等：「児童家庭支援センターと学校の連携体制構築における課題と可能性——センター職員へのインタビューから」（『部落解放研究』217，2022年），「児童養護施設で暮らす子どもたちの家族をめぐる〈語り〉——家族の再構築に向けた実践に着目して」（『家族社会学研究』35(1)，2023年）など。

大野呂浩志（おおのろ　ひろし）
環太平洋大学次世代教育学部教授
広島文化学園大学大学院教育学研究科博士後期課程修了。公立学校教諭，広島文化学園大学教授などを経て現職。博士（子ども学）。専門は，障害児心理，障害児教育。
著書・論文等：「学習場面における知的障害児の実行機能と教師の指導の関連」（『子ども・子育て支援研究センター年報』10，2020年），「教師のとらえる知的障害のある児童生徒の実行機能の分析——自立活動の個別の指導計画における指導目標の記述から」（『発達障害研究』42(1)，2020年），「知的障害のある自閉症スペクトラム障害児の指導目標に関する分析——自立活動の個別の指導計画における実行機能に関する記述を中心に」（『広島文化学園大学学芸学部紀要』10，2020年）など。

小倉亜紗美（おぐら　あさみ）
呉工業高等専門学校人文社会系分野准教授
広島大学大学院生物圏科学研究科環境循環系制御学専攻博士課程後期修了。広島大学平和センター助教，広島大学総合博物館客員研究員などを経て現職。博士（学術）。専門は，環境平和学，環境保全。
著書・論文等：「日本におけるフェアトレードの出版物発行数と新聞記事数の変遷」（『人間と環境』42(1)，2016年），「外国人住民に対する防災情報提供方策の現状と課題」（共著，『実践政策学』6(2)，2020年），『産官学民コラボレーションによる環境創出』（共著，本の泉社，2022年）など。

河村　暁（かわむら　さとる）
広島文化学園大学学芸学部教授
筑波大学大学院人間総合科学研究科一貫制博士課程修了。博士（心身障害学）。専門は，障害児心理学。
著書・論文等：『ワーキングメモリを生かす漢字プリント――漢字の読み書き・語彙のつまずき解消！』（学研教育みらい，2022年），『子どもの特性と対応がわかる！「特別支援教育」の基本とコツがわかる本』（ソシム，2022年），「算数障害とさまざまな障害における算数の困難」（『LD研究』31，2022年）など。

高橋味央（たかはし　みお）
関西学院大学人間福祉学部助教
関西学院大学大学院人間福祉研究科博士課程前期課程修了，大阪大学大学院人間科学研究科博士後期課程在学。修士（人間福祉・学校教育学）。専門は，子ども家庭福祉，教育福祉，スクールソーシャルワーク。
著書・論文等：「生活困難層の子どもを包摂する教師の葛藤と対処戦略――子どもアドボカシーとしての教育実践」（『人間教育と福祉』9，2020年），「子どもの貧困・排除をめぐる教育と福祉の今日的課題――社会的排除／包摂の視点から」（『Human Welfare』12(1)，2020年），「スクールソーシャルワーク制度の普及過程とその動態――先駆的自治体の事例を対象とした探索的研究」（『学校ソーシャルワーク研究』16，2021年）など。

時津　啓（ときつ　けい）
島根県立大学人間文化学部教授
広島大学大学院教育学研究科教育科学専攻博士課程後期単位取得退学。NHK記者，広島文化学園大学学芸学部准教授などを経て現職。博士（教育学）。専門は，教育哲学，メディア教育。
著書・論文等：「マスメディアの拘束に対するメディア教育の可能性について――D.バッキンガムのメディア教育を中心に」（『教育哲学研究』105，2012年），「D.バッキンガムにおける抑圧／自律の二元論とその学校教育論としての可能性――L.マスターマンのメディア教育論との比較から」（『年報カルチュラル・スタディーズ』5，2017年），『参加型メディア教育の理論と実践――バッキンガムによるメディア制作教育論の新たな展開をめざして』（明石書店，2019年）など。

中丸　和（なかまる　なごみ）
大阪大学大学院人間科学研究科博士後期課程，日本学術振興会特別研究員
大阪大学大学院人間科学研究科博士前期課程修了。修士（人間科学）。
著書・論文等：「国際比較に見るCOVID-19対策が浮き彫りにした教育行政の特質と課題――フランス，スペイン，ドイツ，日本の義務教育に焦点をあてて」（共著，『日本教育行政学会年報』47，2021年），『コロナ禍に世界の学校はどう向き合ったのか――子ども・保護者・学校・教育行政に迫る』（共著，東洋館出版社，2022年）など。

二階堂年惠（にかいどう　としえ）

広島文化学園大学学芸学部教授

広島大学大学院教育学研究科文化教育開発専攻博士課程後期修了。広島文化学園短期大学准教授，広島文化学園大学学芸学部准教授などを経て現職。博士（教育学）。専門は，社会科教育学，法関連教育，主権者教育。

著書・論文等：「幼稚園において楽しくきまりを身に付けるための指導法について」（共著，『子ども学論集』6，2020年），「規範意識を育成することを重視した保幼小連携交流プログラムの開発」（共著，『子ども学論集』7，2021年）など。

野々村憲（ののむら　けん）

広島文化学園大学学芸学部准教授

広島大学大学院学校教育研究科修士課程修了。呉女子短期大学，広島文化学園短期大学等を経て現職。修士（言語教育学）。専門は，言語学，言語教育学。

著書・論文等：『進化する子ども学』（共著，福村出版，2009年），『子どもの育ちと「ことば」』（共著，教育情報出版，2020年）など。

山内優佳（やまうち　ゆうか）

広島大学外国語教育研究センター准教授

広島大学大学院教育学研究科博士課程後期修了。広島文化学園大学講師などを経て現職。博士（教育学）。専門は，英語教育学。

著書・論文等：Spoken-English Word Recognition by Two University Students: A Case Study from Listening Strategies Viewpoint（*International Journal of Curriculum Development and Practice*, 25(1), 2022），「小学校外国語科における推測して『読むこと』の指導」（共著，『日本児童英語教育学会研究紀要』41，2022年），「小学校英語における言語活動導入のための指導——教員養成課程大学生における調査」（共著，『日本児童英語教育学会研究紀要』41，2022年）など。

山崎　晃（やまざき　あきら）

広島文化学園大学学芸学部教授

広島大学大学院教育学研究科実験心理学専攻博士課程退学。博士（心理学）。専門は，生涯発達心理学。

著書・論文等：『臨床発達心理学の基礎』（共編著，ミネルヴァ書房，2017年），「発達支援の基礎として考えておきたいこと」（『発達支援学研究』3(1)，2022年），「幼児教育アドバイザーは幼稚園の研修にどのように関っているか——幼稚園への働きかけを経時的に捉える」（共著，『子ども学論集』8，2022年）など。

山中　翔（やまなか　しょう）
広島文化学園大学学芸学部講師
広島大学大学院教育学研究科博士課程後期中途退学。広島文化学園大学学芸学部助教を経て現職。修士（教育学）。専門は，教育哲学，シティズンシップ教育。
著書・論文等：「コミュニケーション的行為の理論にもとづく道徳授業に関する批判的考察——C.ムフによる合意形成への批判に着目して」（『教育学研究紀要』64(2)，2018年），Rethinking of the Significance of Passions in Political Education: A Focus on Chantal Mouffe's "Agonistic Democracy" (*Educational Studies in Japan*, vol.13, 2019)，『道徳教育』（共著，協同出版，2021年）など。

湯浅理枝（ゆあさ　りえ）
広島文化学園大学学芸学部講師
広島文化学園大学大学院教育学研究科博士前期課程修了，広島文化学園大学大学院教育学研究科博士後期課程在学。公立，附属小学校教諭を経て現職。修士（子ども学）。専門は，体育科教育学。
著書・論文等：「協同的な創造活動における学びの深まりに関する研究——理解深化モデルを適用した『リズム遊び』授業の検討を通して」（共著，『子ども学論集』6，2020年），「リズム系ダンス授業における児童の着眼点の変容と技能の習得——小学校低学年リズム遊び授業における児童の学習過程に着目して」（『初等教育カリキュラム研究』10，2022年），「気分・感情がリズム系ダンスの学習に与える影響——学習者の年齢の違いに着目して」（共著，『子ども学論集』8，2022年）など。

未来をひらく子ども学
──子どもを取り巻く研究・環境・社会

2023 年 4 月 20 日　初版第 1 刷発行

監修者　　坂越正樹

編著者　　八島美菜子・小笠原文・伊藤　駿

発行者　　宮下基幸

発行所　　福村出版株式会社
　　　　　〒113-0034　東京都文京区湯島 2-14-11
　　　　　電話　03（5812）9702
　　　　　FAX　03（5812）9705
　　　　　https://www.fukumura.co.jp

装　幀　　南　貴之（4U design）

印　刷　　株式会社文化カラー印刷

製　本　　協栄製本株式会社

福村出版◆好評図書

小笠原道雄・伴野昌弘・渡邉 満 編
教育的思考の作法 ①

教 職 概 論

◎2,600円　　ISBN978-4-571-10141-0　C3037

教職に欠かせない自ら
思考する作法を伝授。
新時代に求められる教
育の歴史，制度，哲学
等を多角的に解説。

小笠原道雄・森川 直・坂越正樹 編
教育的思考の作法 ②

教 育 学 概 論

◎2,800円　　ISBN978-4-571-10140-3　C3037

環境教育，平和教育，
報道と教育問題など，
今後の重要テーマを解
説。激変する社会に対
応した新しい概説書。

渡辺弥生・小泉令三 編著

ソーシャル・エモーショナル・ラーニング(SEL)
非認知能力を育てる教育フレームワーク

◎2,600円　　ISBN978-4-571-10198-4　C3037

子どもの感情と社会性
を育む国際的教育活動
「SEL」の概要・導入・
アセスメント・日本の
実践例を紹介。

山崎勝之 編著

日本の心理教育プログラム
●心の健康を守る学校教育の再生と未来

◎2,700円　　ISBN978-4-571-22061-6　C3011

子どもの心の健康と適
応を守るための心理教
育プログラム。学校で
の恒常的安定実施への
壁とその突破口を探る。

次良丸睦子・五十嵐一枝・相良順子・芳野道子・髙橋淳一郎 編著

現代の子どもをめぐる
発達心理学と臨床

◎2,400円　　ISBN978-4-571-23064-6　C3011

乳児期・幼児期・児童
期・青年期の子どもの
発達の基本を解説。子
どもをめぐる臨床的課
題についても詳述。

藤後悦子・井梅由美子・大橋 恵 編著

スポーツで生き生き子育て&親育ち
●子どもの豊かな未来をつくる親子関係

◎2,200円　　ISBN978-4-571-24080-5　C3011

将来にわたり社会で活
躍する力を，スポーツ
を通して子どもに身に
つけさせるには？ 心
理学の知見から考える。

M.ロックシュタイン 著／小笠原道雄 監訳／木内陽一・松村納央子 訳

遊びが子どもを育てる
●フレーベルの〈幼稚園〉と〈教育遊具〉

◎2,500円　　ISBN978-4-571-11034-4　C3037

幼児教育の礎を築いた
教育家フレーベルの生
涯と，彼の発明した遊
具をカラーで紹介。付
録・日本版読書案内。

◎価格は本体価格です。